雷姆利亞與亞特蘭提斯文明滅亡的真相

大川隆法
Ryuho Okawa

第一部　眾神講述的「雷姆利亞之真相」

第二部　亞特蘭提斯滅亡的真相

第一部

眾神講述的「雷姆利亞之真相」

第一部 前 言

本書是一本充滿著無限神秘的書。

古代神秘文明的愛好者，或是致力於研究《神智學》、《人智學》的人，大多對於古代的亞特蘭提斯文明、穆文明，以及雷姆利亞（Lemuria）文明有著非常濃厚的興趣。

本書即是關於這其中最古老的雷姆利亞（亦稱為「拉姆迪雅」）文明的靈性探索記錄。因為相關文獻和考古學的內容，幾乎沒有什麼參考價值，所以本書將透過筆者的「公開靈言」，對於古代史進行靈性調查，透過九次元靈人宙斯（Zeus）和摩奴（Manu）二位靈人的視角，來描述拉姆迪雅文明的真相。

據說有教派惡意利用我在主要著作之一《太陽之法》中，對於古代史記述的不足，進而講述著錯誤的邪說。因此，本書的目的之一亦在於補充筆者之前著作中的不完備之處。

幸福科學集團創始人兼總裁　大川隆法

第一部 第一章 感性文明興盛的拉姆迪雅

（二〇一〇年二月二十六日宙斯的靈示）

宙斯：

宙斯是希臘神話中「奧林匹斯十二神」的主宰神，是實際存在的人物，亦是做為人靈的最高靈域九次元的存在。距今約三千六百年前，祂曾統治過希臘。此外，約四萬四千年前，祂還曾做為大聖「艾勒窳利雅」（Ere Maria）降生於當時印度洋上的拉姆迪雅大陸，透過藝術教導了人們生命的喜悅與神的榮光。（參照《太陽之法》、《黃金之法》、《永遠之法》〔大川隆法著，中文版均由台灣華滋出版發行〕）

提問者：
大川咲也加（宗教法人幸福科學總裁室部長）
※職稱為收錄之時的職位
（其他三位提問者分別以A、B、C表示）

一、活躍於拉姆迪雅文明的宙斯和摩奴

大川隆法：迄今為止，我曾多次公開收錄了靈言。今天我想要招喚九次元靈人宙斯和摩奴二人。

我以前就曾降下過宙斯的靈言（參照《大川隆法靈言全集 第四十二卷》〔宗教法人幸福科學發行〕），想必有人已經讀過其內容。但我不曾收錄過摩奴的靈言，此次是第一次招喚摩奴，所以我

也不知道他會講述什麼內容。

之所以要聆聽宙斯和摩奴的想法，是因為在《太陽之法》中有提到：「在拉姆迪雅文明的時代，這二人是非常活躍的。」

由於時代久遠，所以我也不知道祂們是否能夠正確地恢復記憶。一般而言，即便是靈人，對於一萬多年以前的事情，有些記憶也難保正確。

此外，我在寫完《太陽之法》之後，也並未特別地進行任何解說。因此，對於該內容是否與事實相吻合，今天我也想透過向靈人提問的方式進行確認。

不過，拉姆迪雅文明的年代距今已相當久遠，而祂們在那之後，想必也曾經歷過好幾次的轉生。因此，此次究竟能否直接喚起祂們的記憶，還是要透過從其靈魂中搜尋內容的方式來講述靈言，這部分仍是個未知數。

並且，這樣下去，恐怕還必須將地球九次元靈人中，尚未降下過靈言的靈人們，逐一地招喚過來收錄靈言了。

《太陽之法》中有記載：「在拉姆迪雅時代，宙斯是做為大聖艾勒麻利雅而降生；其後，摩奴則是做為大師瑪爾古利特（Marguerite）而轉生於世間。」

此外，書中還寫到：「瑪爾古利特意味著『競爭者』，即有著『與大聖艾勒麻利雅之間的競爭』及『透過藝術和各大部族進行競爭』這兩方面的含義。」除此之外，書中並未介紹更為詳細的內容。

因此，我也想藉此機會對這個方面進行調查。

不過，我事先並未做任何調查，今天準備以「現場直播」的方式直接收錄靈言。對於古老的靈人而言，若是呼喊其幾萬年前的名字，祂們或許未必能有所反應。因此，在招喚這二位靈人之際，我決定還是先試著呼喊「宙斯」和「摩奴」這兩個名字，會更容易將祂們招喚而來。

接下來，我要首先招喚宙斯。

九次元靈宙斯、九次元靈宙斯、九次元靈宙斯。

九次元靈宙斯、九次元靈宙斯、九次元靈宙斯。

九次元靈宙斯、請降臨。

九次元靈宙斯、九次元靈宙斯、九次元靈宙斯。

九次元靈宙斯、請降臨。

九次元靈宙斯、九次元靈宙斯、請降臨。

（約四十秒鐘的沉默）

宙斯：我是宙斯。

二、拉姆迪雅文明是何種樣貌？

A：宙斯神，感謝您今天降臨到幸福科學。

此外，由衷地感謝您每天對於幸福科學教團的指導。

宙斯：我可沒有每天指導你們，只是偶爾進行指導而已。

A：非常感謝您。

我在愛爾康大靈所建立的名為「幸福科學」的教團中，擔任指導研修部門的工作，請多多指教。

請允許我首先向您提問。

我聽說您在四萬多年前，曾為了指導非常重視感性的「拉姆迪雅文明」，從而以「艾勒麻利雅」之名降生於世間。

這個拉姆迪雅文明，究竟是怎樣的文明呢？希望您能對此予以詳細的賜教。

「雷姆利亞」是源於狐猴的假想大陸名

宙斯：這已是非常久遠的事情了。不過，神秘文明的愛好者，或是熱衷於前世解讀的人，現在也對亞特蘭提斯、穆，以及雷姆利亞這三個文明有著非常濃厚的興趣。

你方才所提及的拉姆迪雅文明，世間一般將其稱之為「雷姆利亞文明」。然而，大多數人似乎不知道，其實是現代人或者說至少是近百年前的人，創造了「雷姆利亞」這個名字。

「雷姆利亞」一詞，是源於狐猴（Lemur）的音譯。狐猴如今棲息在位於非洲東側的「馬達加斯加島」上，屬於稀有的猴種。

這種名為「雷姆」的狐猴，現在棲息在數個隔海相望的島嶼上。然而，狐猴並不會游泳，所以很難想像牠們怎麼會偶然出現在不同的島嶼上。因此，有人推測：「在隔海相望的幾座島嶼上，均棲息著名為雷姆的狐猴，由此可推斷以前各個島嶼是相互連接著的。那片海域過去一定存在過大陸板塊。」

於是，人們就以狐猴之名，將那大陸命名為「雷姆利亞大陸」。

然而，在我轉生的那個時代，那塊大陸並不稱為「雷姆利亞」。因此，大川隆法總裁在撰寫《太陽之法》一書的修訂版時，特意將雷姆利亞的名字改為「拉姆迪雅」。這是與當時真正的名字，非常相似的發音。

總之，那些自稱「過去存在著雷姆利亞大陸以及雷姆利亞文明，自己是雷姆利亞人」的言辭，無疑可以認定為謊話，那根本是撒謊。所謂的雷姆利亞，實際只是源於狐猴的假想大陸名。

「拉姆迪雅（雷姆利亞）」和「穆」分屬不同的文明

宙斯：現今，西方有些學者將雷姆利亞大陸和穆大陸混合起來。他們無法區分雷姆利亞和穆，進而認為「雷姆利亞即為穆」。

在這種情況下，有人便指出「穆大陸其實是位於南印度洋」，也有人認為「雷姆利亞位於太平洋」，甚至還有人主張「雷姆利亞應該是位於夏威夷」等等，總之是眾說紛紜。

不過正如方才所述，「雷姆」並非是當時的用詞，而是千真萬確的英文。英文「Lemur」一詞，意指狐猴。由此，才衍生出了「雷姆利亞」這個大陸名。

從狐猴的棲息分佈圖中，可以看出非洲大陸上並不存在狐猴。但是，在遠離非洲大陸的島嶼，即被稱為「古代動物之寶庫」的馬達加斯加島上，卻有狐猴的存在。此外，在印度等歐亞大陸上也不存在狐猴。可是，在印度洋的島嶼上卻有著狐猴的蹤跡。

因此，將狐猴的棲息之地相互連接起來，即可推斷出「從非洲東部直至印度南部，曾有過地面相接的巨大陸地」。

換言之，這是不同於「穆文明」的文明。雖然這兩者有時會被混淆，但雷姆利亞和穆顯然是不同的文明；穆文明也是真實存在過的。

「拉姆迪雅」與原本名字的發音最為相近

宙斯：那已經是很久以前的事了，所以究竟能講述到何種程度，我並不是很有把握。此外，由於那文明的期間長久，對於是否能描述雷姆利亞文明，或者說拉姆迪雅文明的全貌，我也沒有足夠的自信。

不過，大川總裁曾於《太陽之法》一書中，提到我降生於此地的時期，「正是該文明的一個黃金時期」。對此，我感到無比光榮。

那麼，「雷姆利亞」和「拉姆迪雅」這兩個名字，究竟哪個比較好讓你們理解？我該使用哪個名字呢？

A：請您使用拉姆迪雅。

宙斯：拉姆迪雅嗎？

除了幸福科學以外，沒有任何人使用「拉姆迪雅」一詞，所以這個詞在一般場合或許並不適用。但拉姆迪雅一詞，與其本來的發音非常相似。雖然發音的方法上略有不同，但按照現代的發音來講，拉姆迪雅是與原詞最為相近的。

「擁有高超藝術家才能之人」，在拉姆迪雅備受尊敬

宙斯：從現在的你們看來，拉姆迪雅是在感覺器官，或者說感性方面非常發達的文明。

然而，是否會將其視為「進化」，我想還是因人而異的。

譬如說，「狗的嗅覺有著人類三千倍以上的靈敏度」、「鳥當然能看到比人更遠的地方」等等，這些都是事實。

然而，到底應該將如此優越的感官能力，視為動物的進步呢？還是應該將如此能力的衰退，視為人類的進化呢？人們對於這一點還存在意見的分歧。

不過，當時人們認為「磨練感性能力」是一件非常有意義的事情，這也是事實。而且即便是現代，在藝術的世界中，也承認感性能力有著一

定的價值。在繪畫、音樂、歌曲、舞蹈、陶藝，以及其他的各種藝術領域中，皆對於感性持有一定的好評。

這或許稱不上是「文明」，而只能稱之為「文化」。但即便在現代，人們也對此持有一定的好評，由此可推斷「這些感性能力也表現了人類的進步」吧！

所謂「感性能力優越」，就好比說「能感受到他人所感受不到的事物，看到他人所看不到的事物」。

在時尚等世界中，亦是如此。譬如繪畫的世界中，也存在這一種的情況。由於每個人擁有色彩感覺的豐富程度不同，所以感受方式也會有所差異。

此外，在音樂方面也是如此。如果有人有著非常不同尋常的聽力，那麼此人聽到的聲音也會有所不同。現在那些被稱為名曲的音樂，在此人聽來或許會感到非常地粗糙。

就像這樣，拉姆迪雅文明是感性方面非常發達的文明。從這個意義上講，我認為稱之為「擁有高超藝術家才能之人，備受尊敬的時代」也未嘗不可。

我現在最廣為人知的身份是做為宙斯的存在，但實際上，我還曾於近代轉生過；我的分身曾做為莎士比亞而降生於英國。而且，我其實也曾以莎士比亞的分身意識，在幸福科學進行過英文的講演。

因此，拉姆迪雅文明是以感性為中心的文明，這是毋庸置疑的。

各位若有疑問，請提出來。

三、「感性的發達」和「靈魂的進步」之間的關係

A：我相信我們人類也能像您一樣，藉由努力磨練感性能力，從而獲得豐富的內心。然而，磨練感性能力，這對於靈魂的進步有著怎樣

的影響呢？

豐富的感覺意味著人生的豐富，發揮創造性時伴隨著喜悅

宙斯：這是問題實在很難回答。譬如現在前往印度，會看到印度人常吃咖哩吧！印度人吃著各種各樣的咖哩。據說他們透過不同的方法混合香料，且每種咖哩都能感受到不同的味道。

可是，日本人卻吃不出其中的不同。

在印度，不同的家庭所採用的香料調製方法、使用方法都各有不同。由於咖哩的味道有所不同，所以印度人覺得不同的咖哩就是不同的料理。

然而，對於日本人來說，咖哩的味道大致上都是一樣的。雖然日本人在「辣味或甜味的程度上有所差別」，或「是否加入了牛肉或雞肉」等方面，也能感到咖哩味道的不同。但對於透過不同的香料調製法，而感到「這是完全不同的料理」的能力，日本人恐怕是不具備的。

從不具備如此感覺的人看來，可能會認為這是「無用之物」。但從擁有如此感覺的人看來，那就是意味著人生的豐富。從表現者的角度來說，這就意味著「發揮創造性、自由性」，所以此時亦伴隨著喜悅。

能夠區分畢卡索和幼兒的畫，就表示「有著豐富的靈魂」

宙斯：當然，對於畢卡索的畫，或許會有人出言不遜地說：「這和幼稚園孩子的畫沒有什麼兩樣啊！」

然而，畢卡索在年輕時，也曾畫過很正統的素描吧？只是到了晚年之後，他才開始繪畫很多扭曲的畫。當然，他是故意那樣畫的，而並非是他只能畫那樣的圖畫。

另一方面，幼兒在描繪人臉時，也常會畫出很多不像人臉的古怪圖畫。可是，既有人感覺這兩者的畫是相同的，也有人感覺它們是不同的。是否能藉由區分這兩者的不同，從而感受到「靈魂的豐富性」？這可以說是那個時代的文明、文化的特徵之一。

四、從宙斯眼中看到的「拉姆迪雅文明滅亡的原因」

A：請恕我無禮，您曾做為大聖艾勒麻利雅而降生，當時的拉姆迪雅文明，後來也很遺憾地走向了滅亡。請問在您看來，其原因是什麼呢？

若擁有太多享樂的時間，靈魂就會墮落

宙斯：這和羅馬帝國衰亡的原因是一樣的。一旦人們開始厭倦勞動、貪圖安逸，擁有太多享樂的時間，靈魂就會走向墮落。

如果是付出了一定的辛勞，只在餘裕的時間內，擁有做為潤澤靈魂的娛樂時間，那倒也無所謂。但若全部都是享樂的時間，所有人都變成悠閒階級，即就算是不勞動也能衣食無憂的話，那即便是剛開始沒問題，但終究亦將會走向墮落。

倘若不勞動也能衣食無憂的話，那首先就會出現文化上的悠閒和餘裕。而且，對於抱持著藝術家靈魂的人來說，「擁有無限的時間」是一件很值得高興的事情。

譬如，對於小說作家來說，他們認為擁有無限的時間就意味著「能寫出大作」，所以通常都會為此感到喜悅。

然而，當實際獲得了無限的時間後，卻反倒是寫不出大作。事實上，一邊從事其他的工作，一邊帶著「想成為小說家」的願望，利用空閒或晚上的時間、假期等進行創作，或者說一邊努力維持生計、一邊進行創作的人，往往更能寫出大作。

如果擁有無限的時間，即無論寫不寫作都能衣食無憂的狀況下，做為小說家仍能持續寫出大作的人，可以說此人若不是意志相當堅強的人，就是充滿創造性的人。除了這種人以外，遺憾地，其他人通常都將走向墮落並逐漸放棄寫作。或者說，他們都將熱衷於玩樂。

對於沉迷於享樂的拉姆迪雅人，展示了「天上界的意向」

宙斯：拉姆迪雅也是如此。

當時，「穆」大陸位於太平洋上，也就是現在澳洲以北、東南亞以南的位置，印尼或許就是其殘留的部分。換言之，穆大陸相當於現在以印尼為中心的區域。

此外，雖然具體年代不詳，但就文明程度而言，拉姆迪雅要比穆更為先進，所以拉姆迪雅曾將穆做為殖民地加以統治。

也就是說，拉姆迪雅人將穆大陸的人帶到了拉姆迪雅，並把他們視為奴隸階級，讓這奴隸階級、下層階級的人進行勞動等生產工作。而拉姆迪雅人則沉迷於自己本來喜愛的藝術，或者是充滿感性的興趣世界中。

最初，如此生活是非常便利、舒適的。但隨著時間的流逝，這種生活還是出現了腐敗、墮落。

羅馬帝國是建立於奴隸制度之上；就像當年羅馬人逐漸走向墮落一樣，

拉姆迪雅也發生了同樣的事情，拉姆迪雅人的靈魂漸漸趨於荒廢。那想必是「天上界的意志」，天上界判定「拉姆迪雅做為一種文明，已經不會再有發展了。如果對此置之不管的話，將會出現更多靈魂墮落的人」，進而將拉姆迪雅沉入海底。

大陸板塊瞬間沉沒，人們無法逃脫

宙斯：因為這是一種秘儀，所以我也不曉得是否可以將此公諸於世。總之，想必是當時天上界有人認為「這個文明的壽命已盡」。

大陸的浮起與沉陷，實際上要遠比現代物理學中所想的來得更簡單、快速。

地球物理學中指出「現在的大陸板塊，一年之中僅僅是移動五公厘到一公分而已」，所以照此觀點來講，「大陸板塊只會緩慢地移動」。

然而，當板塊發生浮起或下沉現象時，其實都來得出奇地迅速；有時甚至是突如其來。

為何會來得如此迅速呢？我想是因為天上界擔心「若是一公分一公分地緩慢下沉的話，人們就會將文明轉移到另一個大陸」，所以為了防止人們「逃跑」才發生得如此迅速。（笑）

關於拉姆迪雅的滅亡，或許還有其他的秘密，但我認為其原因就在於人們沉迷於那般的享樂。

五、宙斯和摩奴在立場上的不同

A：我聽說您做為艾勒麻利雅轉生世間的一萬多年之後，同樣位於九次元的大靈摩奴，亦做為瑪爾古利特轉生於拉姆迪雅。

請問您和摩奴之間有著何種關係，以及您是否曾指導過摩奴呢？

宙斯和摩奴的藝術觀不同

宙斯：關於摩奴的問題，我想你們直接詢問他本人會比較好。幸福科學尚未公開此人相關的詳細內容，或許你們可以期待他會說些什麼，我認為自己不便在此臆測。

如果要我簡單地發表一下自己的感想，我感覺此人和我的藝術觀似乎有些不同。

我的觀點是：「在藝術當中，必須要透過某種形式，包含著能推動靈魂修行，或者說在世間持有肉體之人的靈魂修行，必須能夠從中學習到珍貴教訓。」

譬如說，不論是小說、繪畫，或是音樂，都應該對應人類靈魂的各個側面，透過某種形式來提高此人的人性。

然而，在我看來，摩奴這個人雖然有著藝術方面的能力，但我認為「他並不是真正意義上的藝術家」。

摩奴並非是藝術家，而是關注著人種的差異。他所關心的問題是「怎麼做才能在一定程度上，促進不同種類的人互相切磋、獲得進化」，他非常重視成果上的競爭。

是以「唯一」為目標，還是在分數上展開競爭

宙斯：在藝術中有著「競爭成果」的一面，我認為也未嘗不是好事。

譬如說，現在（二〇一〇年二月）地球上正在舉行冬季奧運會。在那些競技賽中，常會以「第一名、第二名、第三名」，或者是「金牌、銀牌、銅牌」做為標準，確定選手們的名次，或者說「第四名便拿不到獎牌」等等。

裁判員通常會計算出每位選手的分數，好比說「獲得了一百五十分」、「獲得了兩百分」等等，從而確定選手們的排名。

摩奴、瑪爾古利特，就屬於特別關心如此排名的人。但我並不太關心如此排名，而是關心每一件藝術的靈魂。

任何藝術都有著各自的深奧之處，用現在的話來說，皆是「唯一」的。藝術必須要持有這種性質，即必須是唯一的。我認為：「藝術並不是競爭，而是其本身各自都充滿著神光；這才是重要的。」

然而，瑪爾古利特的想法，則更接近於「在冬季奧運會的花式溜冰比賽中，必須通過評分來確定選手排名」的想法。

換言之，這就好比是企業、學校中的等級評定，或者是利益高低、銷售金額的多寡等等，現代文明中有很多類似的制度。

我想他曾試圖將類似的制度亦應用於藝術的世界中。

宙斯很重視「能否給人帶來感動」

宙斯：這種想法想必也是一種的激勵措施。

就拿格鬥競技來說，倘若不分出個勝負，那麼比賽就失去了樂趣。如果說僅是「做為格鬥競技很美」，我想這也有點牽強了。

然而，在花式溜冰比賽中，裁判就會進行給分，好比說「二百五十二點八分」等等。

我想這種情況也是存在的，但另一方面，我還是懷疑「真的可以用分數來進行評判嗎？」

因此，我的立場是「能否給人帶來感動」才是最重要的，「每個人所感受到的印象，則是因人而異的」。

當然，我相信「那些獲得眾人好評、給眾人帶來感動的人，皆是優秀的藝術家」。但同時，我也認為「藉由評分展開的競爭，未必都是適當的」；這就是我的立場。

然而，摩奴和我的立場想必是不同的。

A：我明白了。謝謝！

以上就是我的提問，接下來請允許我們更換提問者。

六、藝術家的應有之姿

對提問者的前世進行靈視

Ｂ：我是幸福科學第一編輯局的〇〇。請您多多指教。
　方才的……

宙斯：（對提問者Ｂ進行靈視）你是畫家嗎？

Ｂ：什麼？

宙斯：你是畫家啊！

Ｂ：我？

宙斯：你不是畫家嗎？

Ｂ：這個……（笑）

宙斯：你是畫畫的吧？

B：是，我是。

宙斯：我看到你一直在畫畫呢！

B：哦，是嗎？

宙斯：對，你一直在畫畫。不過，畫得很差勁！

B：哈哈哈（觀眾笑）。

宙斯：你畫得真糟糕。這可不行啊！從我們的文明看來，那些真是笨拙的畫啊！

B：真的很抱歉啊！

宙斯：你畫得真的很差勁。這根本賣不出去啊！你畫那樣的畫，可不行啊！還好你現在換工作了。

B：實在很對不起！（觀眾笑）

宙斯：那樣的畫根本賣不出去啊！

藝術也分天國性及地獄性作品

宙斯：不僅是畫畫，你還把相當醜陋的東西貼到了畫布上呢！

B：是嗎？

宙斯：那醜陋的東西是突出來的。

B：那是鋼鐵。

宙斯：是鋼鐵嗎？

B：是的，做為鐵文明的象徵。

宙斯：把鋼鐵貼到畫布上嗎？

B：是的。

宙斯：好像有什麼東西突出來了。

B：是的，這是當時流行的現代藝術。

宙斯：這種東西？你那樣做可不行啊！

B：我知道了。

宙斯：那種東西才不是藝術呢！你明白嗎？

B：對不起。

宙斯：這根本是破壞啊！

B：是。

宙斯：那可不行。你沒有繼續那樣做是對的。

B：謝謝！（苦笑）

宙斯：如果繼續朝向那個方向發展，你就會成為「地獄藝術家」。

B：我明白了。

宙斯：你當時是很危險的啊！

對於現代的藝術，如今已經無法區分那究竟是天國性作品，還是地獄性作品了。凡是能吸引人們的目光、引人入勝的東西就會獲得好評，所以很難對天國和地獄進行區分。

在文學中，天國和地獄的區別已不復存在了，「地獄文學」亦獲得了許多獎項。在當今時代，地獄文學也能堂堂正正地榮獲頭獎，或是諸貝爾文學獎。在繪畫和雕刻等領域，大概也是如此。在你畢業的大學（東京藝術大學）中，既有天國性的老師，也有地獄性的老師。

B：是。

宙斯：因此，你若以為「藝術全部都是天使的作品」，那你就錯了！雖然如此教義是存在的，但惡魔也會參與藝術創作。致使世人發狂的藝術，也是存在的。此外，偶爾還會出現「一旦深陷其中，人就會變得異常的藝術」。你當時的藝術是很危險的，你能儘早離開，真的是太好了！

B：是的（笑），我轉入宗教了。

宙斯：恭喜你！

B：謝謝（觀眾笑），非常感謝您。

藝術觀的不同引發了「辯證法式的發展」

B：請允許我換個心情，向您進行提問。

上一個提問者，以及大川隆法總裁在一開始的時候都提到了「大聖艾勒麻利雅和大師瑪爾古利特二人，是創造了拉姆迪雅文明之黃金時期的二大支柱」。

此外，大川總裁亦曾教導我們「在神的七色光中，和哲學、思想相關聯的藍色光，是由九次元大靈中的宙斯和摩奴所掌管的」。

對此，在之後收錄摩奴的靈言時，我們會直接向他本人進行詢問。但在此處，我想請教您和摩奴之間有著很深厚的關係嗎？

宙斯：哈哈哈。

B：失禮了。

宙斯：聽了我方才所講的話，我想你應該能明白，藝術家是很難的啊！相互之間都很難。倘若兩人意見相同的話，那不是就不需要兩個人了嗎？對吧？

正因為各自意見不同，所以才需要兩個人，這也就意味著「形式不同的藝術是能夠並存的」。如果一個人就夠的話，那就會變成相同系統的藝術。

當然，不同類型的藝術中，也包含著地獄性的作品，所以也不能一概而論「只要形式不同就好了」。不過在不同類型的藝術中，也存在著優秀的作品。

拿音樂來說，若將巴哈、海頓、莫札特等人的音樂，拿來和現代音樂進行比較，他們的音樂就是完全不同的。但即便如此，也不能說「現代音樂全部都是地獄性的」，其中必然也存在著非地獄性的音樂。

就像這樣，將完全不同的事物拿來做比較時，好比說將海頓和麥可．傑克森進行比較的話，實在是很難做出評論。

不過，若在現代播放海頓的曲子，恐怕人們都將感到無法工作，而只想一邊沖泡著咖啡、一邊悠閒自在地休息。

從現代人的壓力和工作密度來看，當今時代也可以說是「眾人追求著喧囂和激烈的事物」的時代。

就像這樣，不同種類事物的出現，就整體上而言也可謂是「辯證法式」的。

這就好比是「某事物出現以後，又出現與之相反的事物，然後再出現超越這兩者的事物。隨之，又出現與之相反的事物」，如此「正反合」的理論。

我認為「藝術也必須追求黑格爾所主張的辯證法式的發展」。從這個意義上來講，雖然瑪爾古利特和我屬於不同的類型，但這樣不是更好嗎？從瑪爾古利特的角度看來，或許會認為我的藝術是「唯我獨尊型的藝術」。因此，想必他曾努力試圖過將我這「唯我獨尊型」、「唯我尊貴型」的藝術觀變成更為公平、客觀的藝術觀吧！

藝術家的靈格取決於對同時代及後世的影響力

宙斯：和海頓進行比較也很不錯，但莫札特也是個很有趣的人，應該拿誰來和莫札特做比較呢？很難舉出現代音樂家的名字啊！

B：約翰．藍儂如何？

宙斯：約翰．藍儂嗎？那肯定是莫札特更了不起吧！我覺得「他們不屬於相同的風格」，所以很難進行比較。在現實中，想必也很難客觀地給出評分。

對了，過去還有個「披頭四」吧！披頭四曾說過：「我們超越了耶穌．基督！」對此我們也有所耳聞。的確，披頭四廣為全世界熟知，所以他們有著「我們撼動了全世界人民靈魂」的自覺。

披頭四曾說過：「耶穌．基督的活動範圍只不過是以色列那狹小的區域而已，聆聽過他說法的人也為數不多。因此，我們的影響力遠在耶穌之上。」

我想他們的靈魂群體，確實是處於很高的水平。

然而，和耶穌．基督相比，他們真的有些自不量力。但若和以前的音樂家相比，他們倒是有著自己獨特的有趣之處。

我認為韓德爾的音樂是「非常莊嚴的音樂」，但在披頭四活躍的那個時代，人們大多覺得「披頭四的音樂更好聽」。然而，若將披頭四的音樂拿到現在，恐怕多數人就會認為「現在的音樂更好聽」吧！

總之，藉由「如此音樂能流傳至後世到多大程度？能對後代產生多大程度上的影響？還是會消失不見？」最終將能確定音樂家的靈格。

不過，就算是披頭四的音樂消失了，但是方才所提及的海頓、貝多芬、韓德爾和莫札特等人的音樂，卻仍然得以流傳後世。

由此可見，一方面必須要判定這些音樂「在同時代普及到了何種程度」，另一方面也必須要判定「它對後世產生了多大的影響」，最終要依據這兩方面的結果，從而進行評定。

然而，我認為「在藝術中，不應該過分地追求這種客觀性」。

B：對於您和瑪爾古利特的不同之處，我們已經分清楚了。

宙斯：好。

七、宙斯的武器「雷」代表什麼

B：我想請教您一個我長久以來所抱有的疑問。

宙斯：你說吧！

B：電影《波西傑克森：神火之賊》馬上就要上映了。

宙斯：是嗎？

B：這雖然不是幸福科學製作的電影……

宙斯：那好像是以希臘神話為題材而製作的電影吧！

B：是的。這部電影在日本也很有名，且很快就要上映了。在這部電影中，您也登場了，且被稱為雷神。其中有著很多您手持雷霆做為武器的畫面。

因此，我想請教您關於雷的象徵意義。

現在從您的講話中聽來，我感覺您是寬容豁達之人，著實有著大度量、猶如寬廣大海一般的胸襟。但另一方面，我也感覺您有些尖銳（笑）。請問您實際是怎樣的人？

雷的真相是「眾神的憤怒」

宙斯：你是想瞭解「雷的真相」吧！

B：是的，能否請您簡單賜教？

宙斯：那我就告訴你吧！

B：是。

宙斯：「雷」實際是代表「發怒」。

B：什麼？

宙斯：是「眾神在發怒」！

「雷」其實是從天上界當中降下來的，歸根結柢就是眾神在發怒。因此，如果我對你發怒的話，你就會死的！

B：好的。我明白了。

宙斯：這就是真相。總之，我若感到「無法寬恕此人」進而發怒的話，此人就會當場死亡。

B：我知道了。

宙斯：譬如，此人因急性心臟衰竭而當場死亡；這就是雷的真相。

「宙斯的雷」是為了以最低程度的損害結束戰爭

宙斯：這是一種超能力，但很少使用。然而，雖然不能過多使用，但有時正義和邪惡進行戰鬥時，為了將邪惡勢力的統帥打倒，亦是為了防止更多人流血而結束戰爭的一種方法。

倘若對方的首領是邪惡勢力的話，那麼不論是國王或是將軍，當眾神認定「無法容忍此人」時，就會從天上界降下雷來；這亦伴隨著一種的咒文。

藉由如此咒文，我就可以結束一個人的性命。

因此，如果你們極力想要讓某人從世間消失的話，就請拜託我吧！一旦我降下雷，此人在二十四小時內就必死無疑。

就佛教而言，密教中流傳著如此內容。此外，世界各地的宗教也多少有所涉略。

「詛咒」一詞聽來有些不好，所以我不太想用這個詞，總之就是「眾神的憤怒」。我平時遂行著藝術類的工作，所以生活過得很溫和、安穩，藉此便可積蓄到能量。這積蓄在「水壩」當中的能量，有時就會突然爆發……

B：一瞬間爆發？

宙斯：當水壩中的積水猛烈地流竄下來時，那由上往下流動的能量就會轉化成其他的能量，有時還會轉變為強力的破壞光線；那即是神的證明之一。

平時的確是很溫和，但若過於溫和的話，就會遭人輕視。為了免遭他人蔑視，此時就必須給予當頭一棒。因此，便可一舉擊倒敵方的將軍。

如此一來，對方就會感到驚慌失措、望而卻步。並且，將會認為我是「神」，因而心生畏懼。

如果能透過如此方法，促使「和平地」結束戰爭，那就再好不過了；因為這樣就可以最大限度地減少己軍和敵軍的人員損傷。

總之，我不僅僅是想要「減少自己軍隊的損失」，其實也考慮到「將對方軍隊的損失降到最低程度」。當對方意識到「敵軍是擁有著神通力的神，我不可能戰勝神」時，他們自然會舉手投降，所以戰爭就能以和平方式結束。

我之所以能在短時間內平定整個希臘，並且還越過希臘平定了其他的地方，其原因之一即在於如此力量。

總之，我是藉由藝術獲得和平之心，同時如水瓶，或者說水壩一樣積蓄著力量，然後突然釋放出力量，進行發電。於是，便可將發出的電當作「雷」加以使用。

也因此，你們才會弄不清楚「天變地異究竟是源於何處」。

B：真誠地感謝您向我們展示了神的權威。

宙斯：希望你能長壽！

B：好的（觀眾笑）。

接下來請允許我們更換下一位提問者。

宙斯：好。

八、宙斯之女雅典娜的轉生

大川咲也加：我叫大川咲也加。請允許我向您提問。

我想請教您關於宙斯之女雅典娜的轉生。

被稱為「全智全能」的宙斯

宙斯：關於這個問題，我覺得你最好是詢問雅典娜本人吧！這不屬於我的權力範圍，所以我不方便回答。

雅典娜雖然身為女性，但在某種意義上，她可是我的繼承人呢！那時我也有個兒子，他有著藝術家的氣質。

正如方才所言，我本身既擅長藝術，也通曉政治和軍事等各個領域，因此，我常被人們稱為「全智全能的宙斯」。

總之，我有著藝術家氣質，是個文人，也愛好繪畫和音樂。同時，我也擅長軍事，擁有統治能力，以及各種的能力。此外，在某種程度上，我還擁有經濟能力，或者說使國家獲得經濟繁榮的能力。我之所以被稱為「全智全能」，其理由即在於此。

正如亞特蘭提斯的托斯被稱為「全智全能之神」一樣，我在某種意義上也具備了如此能力。

我雖然也有個兒子，但他僅有著藝術家的氣質，非常擅長於音樂，卻缺乏統治能力和軍事能力。

軍事能力高超的雅典娜

宙斯：反之，我的女兒雅典娜雖是女性，但實際上卻有著非常高超的軍事能力。

儘管是身為女性，她卻敢於身披盔甲前去作戰。

雅典娜的「雞冠型頭盔」是非常有名的，時至今日仍以雕刻等形式得以流傳下來。因為佩戴雞冠型頭盔、戴上金屬面罩後，從外表上就分不出男女了，所以雅典娜便佩戴那般的金屬防護用具，帶上槍和劍前去征戰了，當時她是非常善戰的。

此外，做為軍事指導者進行作戰，雅典娜的力量也是非常強大的。在戰爭中，她幾乎從未戰敗過。

特別是在現在的土耳其地區附近，曾經有一個十分強勢的部落。他們經常伺機從土耳其進軍，進而想要統治希臘本土，對希臘始終是虎視眈眈。因此，希臘和這個部落之間的小摩擦一直是持續不斷。

有一天，這個部落還組織了巨大的船隊，直接向希臘攻打過來。對於希臘而言，這可謂是史上最大的危機。那時也是因為雅典娜活躍在戰場上，擊破了該部落的進軍。

現今，有一種軍艦名叫「神盾艦（Aegis）」吧！

這是一種情報艦艇，是現代軍隊中最重要的武力裝備。指揮官乘坐在該軍艦上，收集並分析情報，進而發出指令、調度全部軍隊；這就是神盾艦的作用。

據說這神盾艦的英文Aegis，即是起源於雅典娜手持的盾（Aigis）而來的。雅典娜曾手持盾和槍作戰，而「神盾」一詞就是源於她的盾。

雅典娜曾利用「貓頭鷹」，開展了情報戰

宙斯：此外，雅典娜還很擅長情報戰。各位或許會覺得好笑，但當時她就是利用貓頭鷹開展了情報戰。

一般人都會利用鴿子吧！這才是最常見的做法，即訓練飛鴿傳書，然後將

信件綁在鴿子的腳上，放飛去傳遞戰局的相關情報。

譬如說，偵查部隊一旦發現「有五千名敵軍聚集到了某座山上」，或「在某個海灣發現有五十艘敵船」等等，就會放飛鴿子，將如此情報傳遞出去。一般人都會透過這種形式，使用飛鴿傳書。

然而，雅典娜卻使用了一般人難以馴服的貓頭鷹做為信使。因為貓頭鷹是在夜間飛行，所以很難被人射落下來。

但鴿子是在白天飛行，所以它帶著情報飛行時，很容易被弓箭射落下來。對方也知道「那是敵人前來偵查後，放飛去通風報信的鴿子」，所以派有專員負責用弓箭將鴿子射落下來。因此，有時會無法傳達重要的情報。

特別是敵軍進行潛伏，或準備突襲之時，在情報管理上就會格外地嚴格。因此，你若使用鴿子來傳信，那肯定會被射落下來，鴿子飛到高處之前就會被射落。

當軍隊在設置伏兵的時候，通常都會在附近的某處安排好專人以射落鴿子。如此一來，敵軍就接收不到情報。因此，自己的軍隊便能成功突襲，或使敵軍落入圈套。

然而，雅典娜卻馴養了貓頭鷹，進而發明了透過貓頭鷹來傳遞情報的方法。

雅典娜在貓頭鷹的腳上綁了個圓環，並附上訊息，由於貓頭鷹是在夜間行動，所以敵軍根本無法將其射落。因此，身處希臘的雅典娜，也能獲知敵軍的位置和軍勢配置等，並能依據敵軍的動態，來調動自己的軍隊。

從現在看來，這或許是個很落後的做法。但在當時而言，這就好比是有著雷達的功能。明明是相隔數百公里的距離，雅典娜卻能輕而易舉地獲知位於現今土耳其地區的敵軍動態。因此，希臘軍能開展非常有效的作戰方式。

雅典娜和貓頭鷹總是一起出現，所以貓頭鷹被稱為「智慧女神的使者」，就是起因於此。

就像這樣，雅典娜利用夜間飛行的貓頭鷹來傳遞情報，並以此為依據展開作戰，是非常合理的。在敵軍看來，明明是想要進行突襲，很多時候卻反倒是落入埋伏，進而被希臘軍擊敗。

由此可見，雅典娜是非常善戰的。

我一直都將這勝過男性的雅典娜，視為自己的繼承人之一。但雅典娜最後也在戰爭中，因胸部中箭而離開了人世；當時發生了如此悲劇。

我活於世間之時，希臘的勢力尚得以急速地擴張，但之後很遺憾的，國家陷入了支離破滅的狀態。

不過，正如各位所知，海爾梅斯（注）的教義其實是早於我出現的。我在全盛時期，曾吸收了海爾梅斯教團的殘留部分，而海爾梅斯的教義則走向了衰落。

因此，後世在創造新的神話時，將內容更改為「宙斯是眾神之起源」，並將海爾梅斯當成了我最小的兒子。為此，你們才會難以向他人解釋；以上就是雅典娜的經歷。

雅典娜的下一次轉世，是使埃及變強大的拉美西斯二世

宙斯：我雖然不是很清楚雅典娜的轉世，但我聽說：「她有時是做為女性轉生，也有時是做為男性轉生。」

雅典娜擁有著軍事上的才能，所以即便是做為男性轉生，當然也具備相當的能力。因為她有著非常卓越的判斷能力、勇氣和行動力等等，所以就算是以男性之姿轉生為王，相信她也一定能建立相當出色的偉業。

不知她是降生在希臘之後、還是在此之前，對於孰先孰後，我不是十分有把握。但是，雅典娜確實以「拉美西斯」（Ramesses）之名，曾轉生於埃及。

她究竟是先降生為拉美西斯，還是先降生為雅典娜啊？我想應該是雅典娜在先，而拉美西斯緊隨其後吧！

繼拉美西斯之後，有個不同名字的國王，那是拉美西斯的孫子，即拉美西斯二世。拉美西斯二世和摩西降生於同一時代，所以那應該是距今約三千

年前的事。

從時代上來推算的話，拉美西斯一世，或者說拉美西斯大王，應該是距今三千一百年前的人物。

而雅典娜比他更早一些，大約是降生於三千六百年，或三千七百年前。

而後來雅典娜轉生為拉美西斯，是三千一百年前左右的事，因此，拉美西斯是轉生在雅典娜之後。因為雅典娜擁有軍事能力，所以之後才能轉生為大王。

實際上，從拉美西斯的時代開始，埃及便急速變得強大起來了。

在此之前，亞特蘭提斯文明便已經做為文化流入了埃及，所以具備了一定的基礎。不過，埃及並沒有因此獲得急速發展，而亞特蘭提斯亦未能在非洲恢復勢力。

然而，自從拉美西斯降生後，埃及的勢力就開始急速擴張。此外，從其後代開始，還大幅推進了金字塔的建設等。

我想在拉美西斯時代，應該就開始建造金字塔了。但那時還不是很大的工程，直到拉美西斯二世的時代，才開始建造各種的巨大建築物。當摩西帶領著已淪為奴隸的猶太人逃出埃及時，應該是其後代發生的事情了。

如今也有人認為摩西是偉大之人，但從某種意義上來講，拉美西斯一世的孫子，即拉美西斯二世的時代，才是埃及最強盛的時期。那時是否能堪比當今歐巴馬所領導的美國，我不敢斷言，但其感覺很像是稍早之前的美國。

埃及最強盛的時代，或者說黃金時代，即是源於這個拉美西斯。

繼拉美西斯之後，雅典娜曾做為釋尊的獨生子降生於印度

宙斯：繼拉美西斯之後，雅典娜也曾以男性之姿轉生的，並且是降生在釋迦的時代，以「羅睺羅」之名轉生。因為釋迦僅有這一個孩子，所以他想必是備受矚望的繼承人。

最初，羅睺羅仗著「自己的父親很了不起」，態度不免有些傲慢，所以無法和其他的弟子和諧地相處。

對於「自己明明是釋迦的獨生子，卻被迫和其他的佛弟子共同修行」，他感到非常無法理解。

這想必是因為他前世曾是大王的緣故，所以自尊心亦很強。在修行的前半期，他在和其他的佛弟子共同修行的過程中，始終難以和眾人和睦相處。

但我聽說「後來在釋尊的教導下，他改過自新了」。

他常常對前來拜訪釋尊的人撒謊，並告知他們與事實相反的訊息。譬如說被問及「釋尊現在在哪裡」時，釋尊明明是在山上，他卻回答說「在森林裡」。或者說釋尊明明是在森林裡，他卻回答說「在山中」。總之，他是以困擾對方為樂。

他透過這種方式來發洩自己的不滿；直到有一天，他被釋尊叫去訓話。

當時，人們都是用盆來洗腳。釋尊吩咐他「在盆裡倒滿水」，然後，釋尊一邊在這水盆裡洗腳，一邊向他詢問道：「你能用我洗過腳的這盆水來洗臉，或者是喝下這盆水嗎？」

他回答道：「那不能用來洗臉，也不能拿來喝。」

於是，釋尊就這樣說道：

「對吧！倘若是洗腳之前的水，那既可以用來洗臉，亦可以拿來飲用。就像這樣，你因為口中的話語玷污了己心，藉由這般的汙穢之心，是無法完成修行者『要滿足眾人之心』的使命的。」

經過這番說教後，他從此洗心革面，後來甚至有「密行第一」的稱號，據說「他在不為人知的地方，做了很多努力」。

不過很遺憾的是，他最後比釋尊早離開了人世。當時痢疾之類的疾病非常流行，我想他可能是食物中毒而罹病。因為化緣得來的食物，在印度的高溫天氣下出現腐敗，總之他是因如此疾病，最終比釋尊早先離開世間。

從這個意義上來講，他和雅典娜有著相似的經歷。

雅典娜亦曾轉生為伊斯蘭的哈里發，以及瑪麗亞・特蕾莎

宙斯：在此之後，她還曾轉生於伊斯蘭國家。

我雖不是十分清楚伊斯蘭的情況，但我相信她亦曾做為伊斯蘭教祖兼國王，即被稱為「哈里發」（Caliph）的一人，而轉生於伊斯蘭國家。

在此之後，她又在近代，以「瑪麗亞・特蕾莎」（Maria Theresia）之名，轉生於奧地利的維也納。那時，她應該是做為女性轉生的。那是維也納的鼎盛期，即方才所提及的莫札特等人活躍的時代。

維亞納在瑪麗亞・特蕾莎的時代達到了鼎盛期，熊布朗宮也是由她所建立的，她還時常庇護音樂家。並且，據說她似乎特別喜歡吃巧克力，當時巧克力的製作技術十分發達。

瑪麗亞・特蕾莎的女兒，就是有名的瑪麗・安東娃妮特（Marie Antoinette）。她的女兒瑪麗・安東娃妮特就是嫁給法國的王室，最終因遭遇革命而被處死刑的光明天使。

這就是雅典娜最近一次的轉生；她的情況大致就是這樣的。

我雖不是非常瞭解伊斯蘭的情況，但她至少是繼穆罕默德之後，第四代以內的一位哈里發。妳若能名字列舉出來，我就能明確指出「是此人」。她應該是第四代以內，即第二代、第三代，或第四代的其中一位哈里發。總之，她一定曾做為哈里發轉生過。

因此，正如方才所述，此人的靈魂特徵就是「有著政治、軍事方面的才能」。

此外，她的另一個特徵是「有著熱愛藝術之心」。這可能是因為她曾做為宙斯的孩子降生過，所以受到宙斯的影響，亦持有著熱愛藝術之心；她擁有著這兩方面的特徵。

以上就是有關雅典娜的轉生。

大川咲也加：感謝您如此詳細的講解。

〔注〕海爾梅斯是地球至高神「愛爾康大靈」分身中的一人，為九次元存在。祂曾轉生於四千三百年前的希臘，創建了地中海文明的基礎。

九、雅典娜在拉姆迪雅時代的前世

大川咲也加：我方才之所以會向您請教有關雅典娜的轉生，其實是因為最近日本出現了一個冒充雅典娜之名的邪教。

宙斯：原來如此。

大川咲也加：那個邪教的靈媒指出「雅典娜是瑪爾古利特的親屬」，並謊稱「自己便是雅典娜的轉世」。因此，如果您知曉有關「雅典娜和拉姆迪雅文明之間的關係」的話，還請您能有所賜教。

雅典娜已轉生於現代，並身處幸福科學的教團

宙斯：原來如此。

如果要追溯到拉姆迪雅的時代，那的確是相當久遠的事了。但既然事出有因，就讓我來確認一下吧！

那個邪教的靈媒稱「自己是雅典娜的轉世」嗎？

關於雅典娜之名，我想她是從幸福科學的書籍中所列舉的幾位偉大女性靈當中，挑選出了雅典娜吧！她應該是偶然選中了雅典娜的名字，卻不知道雅典娜其實已經轉生至幸福科學當中了。

不過，雅典娜的靈魂是在那個靈媒退出幸福科學之後，才轉生而來的，所以那個靈媒對此並不知情。

總之，雅典娜是絕不可能降生在其他地方的。

雅典娜曾為大聖艾勒麻利雅之母「瑪特利雅」

宙斯：此外，關於「在拉姆迪雅文明中，雅典娜是處於何種地位」的問題，很遺憾，我認為她並不曾轉生在瑪爾古利特的時代。反之，她曾轉生於我所在的時代，即被稱為「大聖艾勒麻利雅」的時代。

至於我們那時的關係，因為已經是距今約四萬年前的事了，所以感覺上相當久遠……（約十五秒鐘的沉默）

那時，我們的立場正好是倒反的。雅典娜是做為艾勒麻利雅的母親而轉生的（笑）。她是做為女性、做為母親而轉生的。

我和她的親子關係是完全倒反的；雅典娜轉生為我的母親，是養育我的人，這就是我們的關係。所以說，這真的是「奇怪」的關係啊！有時成為父母、有時又變成孩子，身份是完全倒反的，所以實在搞不清楚誰才更了不起。但總之，我們那時的身份是相反的，她是母親，我是兒子；這就是我們的關係。

就像這樣，經常會發生身份倒反的情況。如果過於得意忘形的話，下次轉世時就很有可能變成倒反的立場。反之，如果做為稱職的父母、竭力照顧孩子的話，那麼做為對你的報答，下次轉世時你就會變成孩子而接受照顧；在靈魂輪迴轉生的過程中也存在這種情況。

有時是「因為對方是稱職的父母，所以下次轉世時自己便成為其父母、照顧對方」。反之，有時則是「因為對方是不稱職的父母，所以下次轉世時便讓對方成為自己的孩子，稍微要給對方一些教訓」。因此，轉世中有著這兩方面的情況。

她那時做為我的母親轉生，名字是……（約十五秒鐘的沉默）當時，她被稱為「瑪特利雅」。

雖然艾勒麻利雅和瑪特利雅，這兩個名字的詞尾都是個「雅」字，但當時是透過字首而不是字尾來判斷男女之名的。

現在人們稱母親為「媽媽」等，瑪特利雅中的「瑪」字，其實也代表著女性、「母親」的意思。

瑪特利雅這個名字是很神聖的名字。

瑪特利雅中的「特利雅」意指「神聖」，「瑪」則意指「母親」。因此，「瑪特利雅」這個名字本身，其實具有「聖母」的含義。

在拉姆迪雅文明之時，雅典娜被稱為「瑪特利雅」，意為「聖母」。那或許是因為我被人們極度崇拜為神的緣故吧！

因此，雅典娜先是轉生為我的母親，然後又做為我的女兒降生了。在此期間，她也曾經歷過好幾次轉生。然而，她是降生在你們所不知道的文明、國家，所以即便我講出來，各位恐怕也難理解。因此，我就不再多講了。

女惡魔阿瑪利艾魯，進入了冒充雅典娜之名的靈媒體內

宙斯：那個邪教團認為雅典娜是瑪爾古利特的什麼人啊？

大川咲也加：據說是瑪爾古利特的妹妹。

宙斯：這樣啊！

那麼，他們有提到「阿瑪利艾」（Amarie）嗎？

有一個惡魔名叫「阿瑪利艾魯」（Amaliel）。她是一個女惡魔。這個名叫「阿瑪利艾魯」的惡魔，正是撒旦盧西弗的姪女。

阿瑪利艾魯是個女惡魔。我想那個靈媒是從「阿瑪利艾魯」的名中，取出

了「阿瑪利艾」的部分，而加以自稱。

由於各個地方都有著惡魔，所以很難對他們進行排名。但阿瑪利艾魯這個惡魔，在盧西弗的勢力中，或者說就現在而言，在基督教相關的女性惡魔中，應該是排名第三。

我認為阿瑪利艾魯已經進入了那個自稱阿瑪利艾的靈媒體內，並且直接進行指導。

我認為撒旦（盧西弗）本人，偶爾也會造訪那個靈媒，但或許是因為盧西弗沒有空能夠一直指導她，所以通常都是阿瑪利艾魯進入其體內。

大川咲也加：我明白了。感謝您做出的詳細講解。

宙斯：謝謝妳提出這個好問題。

大川咲也加：請允許我們更換提問者。

十、恩利勒是怎樣的存在？

C：我是幸福科學文宣局的○○。

宙斯：好的。

C：非常感謝您賜予我們如此機會。

聽完您方才的講話，我們得到了封印那個邪教團的材料。

那個邪教團的特徵之一，即是將名為「愛爾蘭提」的九次元存在置於非常高的地位。譬如，他們主張「做為太陽系代表前去參加宇宙會議的，即是愛爾蘭提」。

此外，高橋信次生前也曾說過「自己是名為愛爾蘭提的存在」。

那麼，「愛爾蘭提」實際上是真實存在嗎？

大川隆法總裁曾教導了我們有關高橋信次的本體，即是名為「恩利勒」的存在（參照《太陽之法》〔中文版由台灣華滋出版發行〕、《驅魔師入門》（日本幸福科學出版發行））,在此我想請您賜教有關於「愛爾蘭提」的內容。

高橋信次所說的「愛爾蘭提」不是真實的存在

宙斯：我們從未聽聞過所謂「愛爾蘭提」的存在，所以我認為愛爾蘭提不是真實的存在。

高橋信次已經過世了，但他在晚年時期曾相當混亂吧？他先是自稱「自己是釋迦的轉世」，後來又突然改口稱自己是外星人等等。

高橋信次在世時，也曾有好幾位指導靈進入過他的體內。但到了晚年後，他似乎就處於「資訊錯亂」的狀態。他發現到自己不是釋迦的轉世，所以必須想辦法圓謊，從而陷入了苦惱。因此，想必他身邊存在著「耳語之人」吧！

總之，愛爾蘭提不是真實存在，實際上是不存在的。恩利勒的確是存在的，但愛爾蘭提是不存在的。

天空神阿努的兒子恩利勒自稱是最高神

宙斯：古代蘇美有位名為「阿努」（Anu）的天空神，是愛爾康大靈的轉世之一。正如傳說中所說的，恩利勒（Enlil）是阿努的兒子。他確實是做為兒子降生的，阿努和恩利勒屬於父子關係。

然而，雖說恩利勒是阿努的兒子，但他卻對天空神阿努，即愛爾康大靈說出「自己才是最高神」的話語。

他就是如此自大的人。

如果思索恩利勒之所以會自稱為最高神的「緣由」，我認為那大部分是代表著「他是做為破壞神的最高神」。

恩利勒引發起大洪水的真相

宙斯：關於「恩利勒引發了『諾亞方舟』的大洪水」，如今已成為非常有名的軼聞、傳說。

這個「諾亞方舟」的傳說，雖然在現在看來是非常重大的事件，但就事實而言，那只是底格里斯河（Tigris）和幼發拉底河（Euphrates）爆發的大洪水。

因連日暴雨導致底格里斯河和幼發拉底河的洪水氾濫，其周邊地區的農家全部都被淹沒了。因為那時是以農業為中心的文明，農家大都住在河川的週邊，所以一旦爆發了大洪水，所有人就全都會被淹沒。

這個傳說的大致內容是：「那時諾亞聽見了神的聲音後，便開始和家人一起造船，因此最後得救了。因為他們將船隻造好後放在了家中的屋頂，所以才能得以逃生。」

底格里斯河和幼發拉底河經常發生洪水災害，但那次是前所未有的大洪水。大雨連續下了四十多天，因此，最終爆發了很嚴重的洪水氾濫，生活在那片地區的人們幾乎全部死光了。

但人類並沒有滅絕，因為在其它的地區還有許多人活著。滅絕的，只有那片地區的人們而已。

那片地區至今仍然存在著，它位於底格里斯河與幼發拉底河之間，即現在的伊拉克附近。「諾亞方舟」的傳說，就是指這個地區的大洪水。

而且據傳言，此次大洪水是由恩利勒引發起的。

恩利勒有個同父異母的兄弟，名叫恩奇

宙斯：當時恩利勒還有個競爭對手，名叫「恩奇」（Enki）。恩奇也是神人，擁有著和恩利勒一樣的神靈能力。

當恩利勒宣稱「自己是最高神」後，恩奇曾反駁過：「那是不對的！天空神阿努才是最高神，恩利勒絕不是最高神。」

這個恩奇想必也是阿努的孩子之一。不過，恩奇和恩利勒的母親應該不是同一人，所以說他們是同父異母的兄弟。

實際上，恩奇的想法是正確的。他一直想要回歸正確的信仰，並堅持認為「必須回歸愛爾康大靈信仰」，主張「阿努和恩利勒屬於父子關係，所以理應是父親更偉大」。

但因此，恩奇遭到了恩利勒勢力的攻擊，且最終丟失了性命。此外，雖然傳說中是「恩利勒發起了大洪水」，但這說法是否屬實尚存有爭議。正如「宙斯之雷」一樣，這多少也有些誇大其詞。

搞不好是偶然爆發了大洪水後，恩利勒故意假稱是自己引發的，以便向人們顯耀「我擁有如此力量，可以隨時毀滅你們！」進而達到恐嚇人們的目的。

不過，我真的很懷疑：「怎麼會有著毀滅自己民族的神呢？」

因此，恩利勒實際上所遂行的活動，想必就是「剷除恩奇以及支持恩奇的組織」。我認為「恩奇才是正確的」，然而他卻在世間失敗了。

恩利勒就是這種人，沒什麼協調能力，天狗之心非常強的類型。

高橋信次最後被惡靈及動物靈附身並死於癌症

宙斯：高橋信次之所以會講述「愛爾蘭提在宇宙中遂行著『某種工作』」，也是因為最後有很多的靈同時進入到他的體內，所以導致他的思想混亂了。他不怎麼進行學習，所以一旦接收到了靈示，就會原原本本地接受，自己無法進行「過濾」；他全盤接受了靈所傳達的內容。

高橋信次在四十七至四十八歲時，因癌症過世了。雖然對外宣稱是「過勞死」，但實際上他是死於癌症。

此外，我們還聽說「他往生之時，被為數眾多的惡靈及動物靈等附身」。

並且，他的弟子們也出現了混亂狀態。

有很多人原以為「高橋信次是釋迦的轉世」，所以才追隨著他。但他最後卻說「自己是愛爾蘭提」，所以導致很多人離開了。

另一方面，其追隨者也分成了兩派，一派是想要模仿他原本的教義，即近似佛教的內容，另一派則是相信「他是宇宙的統治者、地球的統治者」。因此，其團體亦陷入了混亂的狀態。

然而，這兩派的想法其實都是錯誤的。

恩利勒從「恐龍的世界」帶來的副官即是盧西弗

宙斯：高橋信次所獲得的訊息中，也有一部分是正確的。那即是如同於電影《太陽之法》（大川隆法總監製，於二〇〇〇年秋季上映）中所描述的一樣，恩利勒等人是很久以前，做為外星人來到地球上的；這的確是合乎事實的內容。

不過，恩利勒並非是第一個來到地球的外星人。

做為一種文明實驗，恩利勒曾試圖利用名為「派特龍」的裝置，實施了增加和擴大人靈的計畫。但最後，實驗以失敗告終。

換言之，他是想透過宇宙技術來複製人靈，從而增加地球人靈的數量。藉此，便可宣稱自己是造物神。

然而，現實中的混亂就是由此開始。此人來到地球之時，從宇宙中帶來的副官即是盧西弗。

這個盧西弗，以「撒旦」之名降生到世間，之後便墜入了地獄。此後，他就變成了難以應付的對象。

他們根本聽不進勸言，屬於不聽人言、自我很強的種族。並且，還很喜歡以競爭來展現力量的強弱。那自我的部分，想必就是盧西弗最終被封印於地獄界的原因。

請想像一下，他們原來所在的星球是類似於「恐龍的世界」。所謂恐龍的世界，就是弱肉強食的世界。

在那般的世界中，只要能取勝就行了，而且是越強大越好；有時甚至可以將對方直接吞食掉。

至於如此世界中的「正義」，那就是「必須強大到可以吃掉對方」。

他們有些是長著巨大的牙齒，有些是腕力和爪子的力量很強大。此外，有些是可以在空中飛翔，有些是尾巴橫掃的力量非常強。用現在的話語來說，那就好比是競技格鬥的世界。

在那個星球上，想必曾有著「越是能夠吃掉對方的強者，越是為神所祝福之人」的想法。雖然那裡的科學技術很發達，但的確也有那一面的問題。

恩利勒仍留在天上界的理由

宙斯：恩利勒仍留在天上界的理由是什麼呢？

因為在如此「弱肉強食」的形式當中，實際也包含著進化的原理，以及促進人類繁榮的思想，所以不能將他「完全歸為惡人」。

但是，這也有著危險的一面，即「一旦其轉化為單純的支配欲、攻擊性和排他性時，還是會變成地獄性的存在」。

譬如紐約是個競爭性很強的都市，所以在獲得繁榮的同時，也會衍生出許多貧困階層、墮落之人及犯罪者。也就是說，「當弱肉強食的傾向性過強時，就會出現這樣的一面」。

因此，高橋信次生前所講述的話語中，也有一部分是合乎事實的。恩利勒率領船隊從宇宙當中來到了地球，這也是事實。

然而，這樣做的不止是他一人。其他的外星人也有率領船隊，大規模來到地球，就連現在也不例外，所以那並沒有什麼不可思議的。

不過，他始終有著「先下手為強的習慣」。

實際上，正是為了壓制恩利勒勢力在如此方面的特徵，或者說是為了使其透過在世間的訓練，變成和平生物的目的，所以才會讓高橋信次講述佛教的教義，並且使其積累修行的；但最終卻是以混亂局面收場。這果然還是「與他相符的結局」啊！

C：謝謝您。

宙斯：能明白我要表達的嗎？

十一、愛爾康大靈和其他九次元大靈之間的關係

C：我想請教您最後一個問題。

請問從您九次元大靈宙斯的眼中看來，我們所信仰的主愛爾康大靈，究竟是怎樣的存在呢？

宙斯：嗯……這可得慎重地選擇措辭，我現在正在尋找文學性的表達方式……

如果說愛爾康大靈是太陽的話，那我們就是月亮。

在許多地方有著恆星，恆星周圍就會有行星環繞；而行星的周圍，又會有衛星環繞；大概就是這樣的感覺吧！

你能明白這樣的比喻嗎？

太陽的周圍現在約有九顆行星環繞吧？我不確定行星的具體數量，但總之是有著太陽，周圍大約有著九個行星環繞著。這就是九次元世界中十個人的定位吧！這樣就剛好是十個人吧？

九次元大靈之間的關係，就好比是太陽和圍繞在其周圍公轉的行星之間的關係。

基本上各位不妨可以將我們的關係，視為太陽系當中的關係。

C：我們定會將您方才的教誨銘記於心，並繼續努力。

非常感謝您的賜教。

第一部 第二章 地球文明和外星人的關係

（二〇一〇年二月二十六日 摩奴的靈示）

摩奴：

在印度神話中，傳說「摩奴是世界的創造主梵天（Brahma）的兒子，且為『人類的始祖』」。祂是九次元存在。自大聖艾勒庥利雅時代的一萬五千年後（約二萬九千年前），祂曾做為大師瑪爾古利特降生於拉姆迪雅大陸，試圖藉由各大部族在藝術領域的競爭，以達成人類進化的目的。（參照《太陽之法》、《永遠之法》，中文版均由台灣華滋出版發行）

提問者：

大川咲也加（宗教法人幸福科學總裁室部長）

※職稱為收錄之時的職位

（其他三位提問者分別以D、E、F表示）

一、首度在日本公開的「摩奴的靈言」

大川隆法：我們上午收錄了「宙斯的靈言」，緊接著現在來收錄九次元靈人摩奴的靈言。

到目前為止，除了《太陽之法》中有過相關記載以外，幾乎看不到任何有關摩奴的訊息。而且之前也從未出版過摩奴的靈言，所以這次將是首度在日本公開其靈言。

由於無人公開過摩奴的相關訊息，所以就有團體乘隙謊稱「自己正接收著摩奴的指導」。對此，我們還必須多加調查才行。我還想調查摩奴現在於天上界中，遂行著怎樣的工作。

此次真的是首度收錄祂的靈言。

迄今為止我沒有收錄其靈言的理由，就在於「當靈言的種類增加後，教義就會呈現出多樣化，繼而很容易招致思想的混亂」。雖然諸多靈人的存在是好事，但如果將他們的靈言全部出版的話，教義就會變得難以理解，所以就沒有出版了。

此外，還有人指出「僅僅是出版釋迦和基督的教義，就已經很難理解了」，倘若再透過靈言推出其他人的觀點，恐怕就難以統合教義了。因此，至今我才沒有出版太多的靈言。

那麼我要來招喚摩奴了，請各位提問者多加努力，我也是第一次收錄「摩奴的靈言」。

九次元靈摩奴啊！九次元靈摩奴啊！九次元靈摩奴啊！請降臨到幸福科學，對我們進行指導吧！

九次元靈摩奴啊！九次元靈摩奴啊！請降臨到幸福科學，對我們進行指導吧！

九次元靈摩奴啊！九次元靈摩奴啊！請降臨到幸福科學，對我們進行指導吧！

九次元靈摩奴啊！九次元靈摩奴啊！

（約三十五秒鐘的沉默）

摩奴：我是摩奴。

二、摩奴主要是負責「多民族問題」

D：衷心地感謝您今天能夠降臨，並透過靈言對我們進行指導。

請允許我向您提問。

據說您是地球靈團中十位九次元大靈當中的一位，所以我首先想要請教您現在在天上界中處於何種的地位，並擔任著怎麼樣的職責呢？

摩奴：我主要是負責「多民族問題」。

地球上的爭端、混亂和抗爭，都是起因於諸多民族之間不能和諧共處。因此，當他們發生紛爭時，我的職責就是對此進行裁定，決定「正義是站在哪一方」，並引導他們走向未來。

此外，我的工作也關乎著一個文明、一個民族的結束和開始。

就現代而言，就是在政治上調整民主主義體制和其他政治體制之間的關係，研究比較這兩者的優劣所在，並且我也指導著「現代文明應該朝向何種方向前進」，並進行著如此文明實驗。

我「摩奴」的名字是最廣為人知的，所以我一直都用著這個名字，但以摩奴之名轉世時，我是降生在印度。印度是多民族、多宗教的熔爐，所以我覺得將印度做為研究的立足點，也沒有什麼不好。

我現在的主要工作是處理俄羅斯的問題，也就是舊蘇聯，或者說俄羅斯的問題，即是我所負責的工作之一。

如今，我主要是以「該透過何種方式推動俄羅斯的民主化」為中心，在俄羅斯發動了復興宗教等運動。

當俄羅斯過去的專制政治、帝政時代結束以後，便變成了共產主義的獨裁政權。此後，戈巴契夫就任總統，蘇聯走向解體。之後雖然看到了俄羅斯聯邦的成立，以及其他共和國的獨立，但也出現了民族紛爭。

在如此潮流當中，我現在主要是負責指導俄羅斯，同時也在研究並指導和俄羅斯相關的地區，譬如說東歐，以及其他和俄羅斯接壤的國家之間的關係。

可以說就是因為這些理由，所以我才沒有常出現於幸福科學。

D：謝謝。

三、從摩奴眼中看到的「拉姆迪雅文明滅亡的真相」

D：請允許我向您詢問第二個問題。

追溯到更早的時代，幸福科學的聖典《太陽之法》中有講述到「您在距今約二萬九千年前，曾做為大師瑪爾古利特，降生於以前印度洋上的拉姆迪雅大陸，並開展了其藝術文明」。

摩奴：是的。

D：我們還聽說「您當時讓各大部族在藝術方面展開競爭，每三年舉辦一次競技比賽，優勝的部族就能在此後三年中，成為國家的統治階級」。

摩奴：沒錯。

D：我想請您賜教有關這方面的詳情。

讓各大部族在藝術上競爭，是為了促使人類和平進化

摩奴：從某種意義上來說，這就好比是一種奧林匹克精神。與其看著人們拿起武器、流血作戰，我認為還是這種方法會比較好。

譬如在奧運會的賽場上，各國之間展開競爭，最後有人會獲勝、也有人會失敗，但這樣做至少能和平地舉行體育盛典。就像這樣，各國、各民族和各種族之間，無需透過武力競爭優劣，而是能透過更和平的方式進行競爭。

換言之，我很清楚人類有著好鬥的本能，所以一直在思考「是否有著讓人們和平地展開競爭、將人們好鬥的能量發揮在和平的方面，從而促進人類和平進化的方法」。

我絕不是藝術領域的專家。與其說我是藝術的專家，倒不如說我像是奧運會的主辦方，從事著與藝術相關的工作。

那時正好是感性和藝術都非常發達的文明時代，所以我就想到了「讓各

大部族在藝術方面，而非武力方面，每年進行競爭。藉此便可分出勝負，讓他們好鬥的能量和平地昇華為藝術的能量，從而使人類獲得更高程度的進化」。

總之，我並不是藝術領域的專家，而只是非常地關心「怎樣做才能使競爭原理和民主主義原理得以並存」。

大師瑪爾古利特不是王族，而是處於類似僧院院長的地位

D：請問您當時處於何種立場呢？是王族嗎？

摩奴：不是，我當時不是王族，而是生活在僧院。

按照現代的話語來講，我的身份就相當於宗教僧院的院長。《太陽之法》中或許並沒有記載，其實拉姆迪雅也存在著宗教，以及相當於祭司的人。總之，當時我（瑪爾古利特）屬於侍奉神的階級，而並不是世俗意義上的王族。

當然，我那時已具備靈性的能力，主要工作是「和神進行對話」、「瞑想」、「祈禱」等等，與此同時，我也一直在思考如何指導各大部族，使他們獲得進步、發展以及和諧的方法。

因此，就現在而言，伊斯蘭等宗教的聖職者，同時也兼任政治指導者，我當時就是近似於這樣的身份。譬如說霍梅尼（Khomeini）等，如今有許多像這樣的人吧？

雖然身為宗教家，但同時我也從世俗性的角度進行指導，這就是我當時所身處的立場。

指導大師瑪爾古利特的是名為瑣羅亞斯德的人

D：那麼，您在僧院中每日進行瞑想的過程中，常能聆聽到神的聲音吧！

摩奴：對。

D：您做為大師瑪爾古利特降生於世間的一萬數千年前，有一位名為「大聖艾勒麻利雅」，後來又被稱為「宙斯」的人，降生在拉姆迪雅大陸。

摩奴：是的。

D：請問您當時受到了大聖艾勒麻利雅，即後來被稱為宙斯之人的指導嗎？

摩奴：在我的時代，宙斯（艾勒麻利雅）想必是前往了穆大陸吧！

我不確定那是否和我的時代是同一時期，也有可能是時期上存有偏差。但我估計宙斯當時是前往了穆大陸進行指導，所以我在僧院裡進行瞑想時，和我進行交流的神並不是艾勒麻利雅。

用你們現在的話來講，即便是稱之為神，但也並非是完全一樣的意思。事實上還存在著指導靈團，所以即便稱為神，那也並不表示「僅有一位神」。

從你們熟悉的名字來說的話，當時主要是名為瑣羅亞斯德的人，對我進行了指導。如果下次有機會的話，你們可以直接詢問瑣羅亞斯德持有著何種想法。

我以前曾做為摩奴降生於印度，主要負責俄羅斯問題。在此之前，我還長期負責過中東地區。

在中東地區，神明眾多，宗教的數量也很多。由於中東地區也是連接歐洲、亞洲和非洲的交通要塞，所以那裡始終是紛爭不斷。因此，我也曾負責過中東的工作。

當我降生於世間之時，是現在被稱為瑣羅亞斯德的人對我進行了指導；而當瑣羅亞斯德降生於世間，在中東地區建立祆教和摩尼教之時，我則是祂的主要指導者。

總之，我們是透過如此形式，互相進行指導的。

在拉姆迪雅時代，也曾與外星人進行交流

D：《太陽之法》中有提到「繼大師瑪爾古利特的時代之後，約經過二千年，大陸突然沉入海中，拉姆迪雅文明便以如此形式走向了滅亡」。

之前，宙斯指出了拉姆迪雅文明滅亡的原因是「人們開始追求享樂、將

穆大陸的人們當做奴隸使用，而自己則陶醉於藝術之中。在靈魂墮落的反作用下，大陸便沉入了海中」。請您賜教其真相究竟是什麼？

摩奴：那時宙斯的確是在指導穆大陸，並且對於穆人被當做奴隸使用一事，感到十分惱怒。因此，祂可能會帶有一些偏見吧！即對於穆人遭到歧視而產生的偏見。

那是比拉穆（注）還要更早的時代。穆人在拉姆迪雅淪為了奴隸階級，而穆大陸也變成了其殖民地。

宙斯在拉姆迪雅文明時，是相當於我前輩的偉大之神。但當時宙斯已經轉移到了穆大陸，所以應該是在努力解放穆吧！

因此，從穆的立場看來，其邏輯應該是「拉姆迪雅犯下了如此邪惡的罪行，所以觸犯了神怒，繼而沉入了海中」。

當時，拉姆迪雅的藝術文化已經開花結果，有著相當繁華的景象。至於其滅亡的理由究竟何在，我想一方面可能是因為出現墮落的傾向，但另一方面也有著其他的原因。

當時我們主要是以藝術為中心展開活動，但實際上，也有許多外星人前來造訪。因此，我們會不時地與外星人進行交流。

不過，拉姆迪雅的科學技術還不是十分發達，所以和外星人之間有著壓倒性的技術差距。

因此，在外星人的指導下，拉姆迪雅當時獲得了各種形式的援助。從外星人的眼中看來，拉姆迪雅或許相當於一個發展中國家吧！

但另一方面，他們也學習了拉姆迪雅的藝術和感性能力等部分。即透過拉姆迪雅人，學習各種的色彩、音樂，以及感官上的喜悅，進而研究「可以將肉體器官發揮到何種程度」。

做為回報，拉姆迪雅人接受了外星人所提供的科學技術。

附帶一提，此後的人們看到這個拉姆迪雅文明走向了滅亡，從亞特蘭提斯文明開始，便出現了「地球人自己興起科技文明」的動向。

雖然穆文明的科技也很發達，但在地球九次元靈人的指導下，穆、亞特蘭提斯興起了「創建地球獨特的科技文明」的運動。

換言之，他們發現到「僅僅是開展依賴感性能力的藝術運動是不夠的，必須要進一步提高科技水平才行」。之後，便開始出現了大量的理科天才。

我們的時代是以人文、藝術為中心的文明，但因為後來覺察到「僅這樣是不夠的」，所以此後的文明中就開始出現了為數眾多的科技天才。

就像這樣，在不同的時代，進行著各種的文明實驗。

總之我想要告訴各位的是，宙斯指出了「因為拉姆迪雅是墮落的民族，所以觸犯了神怒，進而像羅馬一樣，從內部走向了滅亡」，這並非是謊言；祂是在指責「我們沒有勤勉於創造事物」。

換言之，祂是主張「既然已經讓奴隸階級為自己生產生活必需品了，那麼拉姆迪雅人做為統治階級，就應該努力創建更高層次的文明，並更勤勉於創造事物」。

然而，拉姆迪雅人卻心生懈怠，把外星人當成神一樣信仰，且引入了許多外星人，我認為這也是拉姆迪雅滅亡的原因之一。

天琴座的紛爭帶到了地球，挑起了部族間的戰爭

摩奴：拉姆迪雅文明持續了很長時間，所以在不同的時代，有著很多的不同之處。但至少在我擔任僧院的院長或者是說大祭司時，曾迎來了來自天空中的「神」。

若問「來自天空中的神，到底是何人」，當時從天空中來到拉姆迪雅的神，若用今天的話來講，實際上，天琴座有著三個星球，這三個星球之間發生了爭執，並爆發了星際戰爭。當時，他們以宇宙為目標，推動了地球殖民地的計畫。

換言之，為了決定「天琴座的三個種族之中，將由哪一個種族來掌握地球文明的主導權」，天琴座三個星球的人形成三足鼎立之勢，展開了地

球爭奪戰。

那時，我們正熱衷於藝術，沉浸在藝術的盛典中，或者說奧運會中。就日本而言，這就好比是賞菊盛典、賞花大會、水菖蒲季或是梅花季等等，當時拉姆迪雅正是沉浸在如此盛典的和平民族。

我們是和平的民族，從不使用武器作戰。至少以我為中心的人們，是以和平為宗旨，否定戰爭的。

此時，以天琴座為中心的戰爭捲入至拉姆迪雅。

天琴座有個星球叫織女星，除了織女星之外，實際也存在其他星球。一個是織女星，一個是織女星以外的中心星球，還有一個是伴星，這三個星球之間展開了鬥爭，並且將爭鬥帶到了地球，拉姆迪雅便成為爭鬥的舞臺之一。

那時，他們教授了我們完全一無所知的作戰方法。當時有著好幾個部落，但他們給各部族傳授了不同的技術。

此外，他們誘惑我們拉姆迪雅人說：「對人類的進化而言，藝術上的競爭是非常落後的。你們看到我們『空中飛碟』的技術，會認為那是很了不起的吧？難道你們就不想擁有如此技術嗎？」

實際上，科技競爭已經開始介入了。不過，《太陽之法》中並未提及該內容。

對此，做為當時的宗教教義而言，就和現在的日本一樣，必須依循和平憲法，如同遵守金科玉律一般堅決禁止戰爭。當時的指導，就是「只允許各民族在藝術上展開競爭，並決出勝負」。

因此，對於「藉由科技開戰，進而決出優劣」的教導，當時的拉姆迪雅完全處於毫無防備的狀態。

拉姆迪雅大陸的沉沒，起因於「地震武器」，而非天變地異

摩奴：於是，拉姆迪雅內戰就拉開了序幕。那時出現了許多我們從未見過的武器。

譬如說，有光線電子束一般的東西交互橫飛，也有著和現在的原子彈相似的武器。該武器投下後，會發出非常耀眼的光線，與此同時，城市也會遭到破壞。

此外，他們還開發了另一種武器，即「地震武器」。有個民族從外星人那裡，學到了這樣的技術。

「地球上的所有事物，都具有各自的共振頻率。藉由對此進行操控，就可以達到破壞的目的。若能巧妙地調節這個共振頻率，甚至可以將地球一分為二。」依循著如此理論，從而研發出了地震武器。

因為有外星人傳授了這樣的理論，即「如果以人為的方式引發地震，破壞對方的城市，那就可以在對方尚未意識到『自己被攻擊』之前，便將其埋葬了」。

事實上，真的有人透過這種地震武器毀滅了對方的城市。如此行徑，對於大陸板塊造成非常大的影響。

他們其實持有著可以將地球瓦解的科學武器。在我所處的時代之後，有人熱衷於進行引發人工地震的實驗中，並成功開發出了這種技術。然後，他們用這種武器展開戰爭，最終透過自己的力量，親手毀滅了大陸；這就是我所看到的真相。

「宙斯之雷」的真相，是外星人持有的光線槍

摩奴：我方才也聽到了有關「宙斯之雷」的內容。

宙斯指出：「這是代表眾神發怒的心念。只要我於心中發出念頭，就能在二十四小時以內將你殺死。」

那是在撒謊。（觀眾笑）

那「宙斯之雷」的確是存在，但宙斯所提及的「雷」，實際是外星人持有的光線槍。祂是從外星人那裡獲得了破壞光線、破壞電子束。但這樣講出來將會改變希臘神話，所以宙斯對此做了隱瞞。實際上，在宙斯降生於希臘時代之際，就已經開始和外星人進行交流。

祂說「一旦降下眾神的憤怒，對方就會死去」，這根本是謊話。這樣說有可能會影響我們之間的友情，所以我本來不應該指出「祂是在撒謊」，但我想祂僅是做為一種隱喻吧！事實上，祂也和外星人交流過，並且還把外星人視為夥伴。

因此，「宙斯之雷」是來自飛碟的光線。祂向外星人請求協助，希望透過來自飛碟的光線將敵軍消滅。

從飛碟中投下的破壞電子束，在地球人看來就只能是雷。不論怎麼看，那都是雷。他們看到藉由雷鳴所產生的電，導致其周圍一帶完全被燒焦。然而，被稱為「雷」的存在，實際上是外星人的破壞電子束。

宙斯知曉了這一點，並獲得了外星人的援助，從而創建了帝國；祂本身也肯定和外星人有過交流。

在我們拉姆迪雅時代，曾和外星人之間有過相當頻繁的交流。如果能恰如其分地和外星人交往，倒也可以將他們用做殲滅敵人的「道具」；宙斯就是這樣做的。

若非如此，宙斯是不可能變得那般強大的。但宙斯並沒有告訴各位其緣由，只是講到「我是全智全能的主」。總之，我認為宙斯是掌握了和外星人相互通信的技術，並且和外星人進行了交易。因此，祂才能消滅希臘以及其附近地區的敵人。

雅典娜獲得了酷似貓頭鷹的齊塔星人的援助

摩奴：此外，方才宙斯還講到「一般人都是利用鴿子來傳信，但雅典娜卻利用貓頭鷹來進行」。這種說法在一般人聽來，或許會覺得非常合理。但實際上，雅典娜利用的並不是貓頭鷹，而是外星人。這種外星人長得酷似貓頭鷹，是他們幫助了雅典娜。宙斯教團和外星人之間交流頻繁，並獲得了他們的援助，所以才能迅速地平定其周邊地區。

有一種長相酷似貓頭鷹的外星人，他們想必是來自於齊塔星（Zetas）。

他們乘坐飛碟，隱形地飛在空中，主要協助著雅典娜的軍隊並通風報信，以及進攻敵軍等各種工作；這即是真相。從世俗的角度來看，會認為「雅典娜是將貓頭鷹做為通訊方法，展開了作戰」，但事實真相卻並非如此。

以上都是在講關於宙斯的內容，但在我的時代，也有很多外星人從其他星球來到地球。

當時，我們是和平地舉辦著藝術的盛典。然而，隨著邪惡的智慧，即相當於亞當和夏娃的故事中所講的「蛇的智慧」介入其中，有人開始用戰爭取代「競爭」，唆使人們發動戰爭。當這種情況逐漸蔓延，人們借助外部的武力展開戰爭的過程中，大陸板塊便發生了「異變」；我認為實際上就是眾神讓大陸沉陷的。

眾神是在毀滅地球之前，首先進行了「是否能破壞地球文明」的實驗；

我相信是祂們進行了「是否能讓大陸沉陷」的實驗。和平主義固然是好，但如果太過於依賴外國的武力，最終就會導致這樣的結果。倘若自己沒有知識，而只是一味地依賴外星人等外部的力量，那就很有可能出現如此局面。因此，各位還是小心提防為好。

D：感謝您為我們揭開了人類的秘史。
接下來，請允許我們更換提問者。

摩奴：好。

〔注〕拉穆是約一萬七千年前的穆帝國的國王，亦是愛爾康大靈的分身之一。祂曾做為宗教家兼政治家，締造了穆文明的鼎盛期。（參照《太陽之法》第五章）

四、近年指導了黑人解放運動和俄羅斯的民主化

E：非常感謝您，今天賜予我們直接的指導。我是雜誌《真自由》（日本幸福科學出版發行）編輯部的○○。

方才聽到您講述的內容，我再次深感民族紛爭是非常可怕的。

摩奴：是。

E：您方才說，現在自己主要是研究以俄羅斯為中心的民族問題。可是，除了俄羅斯以外，世界各地皆時常發生民族紛爭。

譬如在中東地區，猶太民族和阿拉伯諸國之間，也一直是紛爭不斷。或者說，「民主主義的美國」和「共產主義的中國」，在政治體制上也存在著對立。請問您是如何看待這種狀態的呢？

此外，如果您有對某個特定的地域，或民族進行著支援的話，請您在可能的範圍內告訴我們。

摩奴：我是負責整體上的民族問題，所以不會有只支援著某個特定民族的情形。但如今我正在探究「是否能設法統合各民族，一起朝向愛爾康大靈所講述的方向邁進」。

中國是由其他人負責的，所以就此還必須與其進行商榷。但是，正如愛爾康大靈所構想的一樣，在美國的統率下，如今正在印度、俄羅斯，以及歐洲、美國、東南亞、澳洲等國家巧妙地構建包圍網，以便阻止中國恣意妄為。

雖然我方才說過「我的工作是以俄羅斯為中心」，但我其實正在考慮促進俄羅斯和日本之間的友好關係，從而推動日本的資源外交。如果日本太過於依賴中東的話，那就極有可能會和中國發生衝突。

俄羅斯既有石油和天然氣，也有很多其他的資源。我希望俄羅斯能透過和日本的技術合作，來開發如此資源。即透過資源外交，也能讓日本在安全保障上處於有利地位。

當然，日本也應該和中東國家保持良好的關係。但若從中國的霸權主義來看，我認為完全依賴中東的資源是相當危險的。因此，我才想到了「要讓日本和俄羅斯結盟」。

雖然我現在沒有在美國發揮強大的力量，但以前我曾協助過處理有關美國的黑人問題，我曾指導過美國的黑人解放運動。

如今我是負責以俄羅斯為中心的工作，但在此之前，我一直是負責推動美國的公民權利運動等。因為美國的黑人解放工作，已在某種程度上有所進展了，所以我現在就開始致力於俄羅斯的解放運動；我就是從事著這般的工作。

截至一九七〇年代為止，我一直在負責支援美國的公民權利運動、黑人解放運動。到了八〇年代以後，我的主要工作就是推進俄羅斯的民主化，這就是我工作的現狀。

這就是我們的工作。如今，我的責任範圍是俄羅斯的瓦解和重建工作。接下來，由於中國問題的突現，所以繼俄羅斯之後，我可能會進入印度。因此，當俄羅斯的民主化在一定程度上獲得成功後，接下來我就會離開俄羅斯，並再次前往印度。然後，在進一步推動印度獲得發展和繁榮的同時，我也將強化印日關係，並且調整印中關係，對於改變中國的唯物論和共產主義體制施加壓力；這就是我的下一步工作。

總之，我的工作是很忙碌的，所以沒空閒來幸福科學。實際上，我在許多地方進行著指導。

我還曾直接指導過馬丁．路德．金恩等人。

E：感謝您如此具體的講解。

摩奴：好。

五、現在有國家獲得了來自外星人的技術支援

E：您方才講述了「在拉姆迪雅文明中，曾有部族接受了來自外星人的科學

技術」。

摩奴：是的。

E：那麼，請問現在地球上，是否有哪個國家獲得了來自外星人的技術支援呢？

羅斯威爾事件以後，美國人便開始了和外星人的交流

摩奴：有。美國明顯獲得了外星人的支援，而且也有和外星人進行交易。很明顯的，他們之間簽訂了秘密協定。

那是發生在羅斯威爾事件（Roswell UFO incident，一九四七年）之後的事情。那時，美國回收了墜落的ＵＦＯ、外星人的屍體，並捕獲了倖存的外星人。做為返還倖存者的交換條件，美國便開始獲得了來自外星人的技術援助。

因此，美國和外星人之間的交流已有六十多年了。雖然美國對外隱瞞了

相關訊息，但在軍事層面上早已開始交流了。

空中飛碟大都是來自於外太空，但如今美國也開始在製造飛碟了。在美國空軍的秘密基地上，已經製造了飛碟的試驗機，並且正在進行試飛。在人們目前發現的飛碟中，那些呈現出三角形，以及菱形的飛碟，實際都是美國自己製造的。

此外，隱形戰機（Stealth Aircraft）等技術中，也有很大部分是來自外星人的建議。

並且，現在歐巴馬總統之所以會主張「放棄核武」，也是因為美國已經獲得了更尖端的技術。因此，即便放棄核武也無所謂，美國早已不需要核武了。在獲得了可以從太空當中進攻對方的更尖端武器後，美國已有望可以獨立進行開發了。

換言之，核武的時代已經結束了。美國接受了來自外星人的技術支援，已經獲得了比核武更安全的武器，即能在對方毫無察覺的狀態下，一舉進攻並殲滅對方。

因此，美國已經不需要核武了。事實上，並非是美國在追求和平，而是美國已經獲得了超越核武的尖端武器。

美國即將完成比核武更具威力的武器

E：也就是說，美國已獲得了絕對的王牌嗎？

摩奴：是的，那是等離子（Plasma）武器。

這種武器和「宙斯之雷」非常相似，人們不明真相，所以就以為是自然現象。也就是說，儘管使用了這種武器，但看起來也像是發生了自然災害一樣。由於城市是以這種形式崩壞，所以對方也難以察覺自己遭受攻擊了，其結果就和被扔下原子彈沒什麼兩樣。

譬如說，動用該武器後，看起來就像是發生了大地震，或遭到颶風來襲，或出現了某種氣候變化等等。

因此，現今不是經常發生異常現象嗎？諸如發生了巨大地震、大海嘯、颶風等等，人們將此全部歸為地球暖化所引發的現象，那是在撒謊。那根本不是地球暖化的影響，而是現在正在進行此類的各種武器試驗。如今正在開發這種進攻對方時，就好像發生了地震、海嘯，或颶風等各種自然現象的武器。而且經過好幾個實驗後，現在已大致有了眉目。一旦動用這種武器後，對方就會在不知情的狀況下遭到毀滅。之前，中國的四川省不是也發生了大地震嗎？那裡就有著中國的核武倉庫，對吧？那裡就發生了大地震。

讓地球人以為是神在發怒，這是最好的結果。幸福科學的雜誌《真自由》上面，好像也是這麼寫的。然而，那不是因為神在發怒，而是受到了美國的攻擊。方才我也提到過地震武器，那是美國獲得了從太空中進行攻擊，讓人們以為是發生了天變地異的武器。

因此，即便沒有核子武器，美國也沒有問題。

不過，美國考慮到「萬一對方動用核武，就會導致己方人員傷亡。為了避免這種情況，所以必須設法減少對方的核武」。因此，他們已準備對那些仍持有核武的國家，展開看似天變地異的攻擊。

如今，俄羅斯也在是否要放棄核武的問題上，出現了意見分歧；這已經是很久以前的事情。但如果放置不管的話，美國就很有可能對俄羅斯的核設施進行破壞，並使其看起來像發生了事故。如果使用外星人的技術，就可以做到這一點。

即「藉由發出雷射一般的光束，聚焦於建築物當中，就能在不破壞建築物外側的情況下，直接摧毀儲藏在地下的核武」；美國已經掌握了如此技術。

如果使用這種武器的話，那即便不出動戰機，也能達到摧毀核武的目的。倘若是發射核導彈的話，對方就會知道「自己被攻擊了」，那肯定會進行報復吧？

雖然現在也有隱形戰機了，但是「為了防止遭到對方的報復，最好的方式就是不讓對方知道自己是被他人攻擊了」，這才是真正的隱形攻擊。

美國一直在研究這項技術，如今已有望進行實戰了。

美國已經不需要核武了，所以對於美國而言，核武只是偽裝。為了不能讓他人察覺到自己「擁有了其他武器」，所以現在還繼續持有核武，並強調說「將會分階段逐漸削減核武的數量」。

E：原來如此，感謝您具體的講解。

摩奴：好。

六、如何看待地球人口增加的問題

E：請允許我再向您詢問一個問題。

如今，地球正朝著一百億人口的方向逐漸增加，請問您認為這是「可取的」嗎？如果您認為這是「不可取」的話，那麼您有什麼對策嗎？對此，請您予以賜教。

摩奴：因為做為地球人出生的外星人，正在急速增加，所以我們必須要預測「這將會給地球文明帶來多大的影響」，這是我們的責任。

各位聽過被外星人綁架的案子吧？有人突然失去意識，被牽引光束吸進太空船內，等到意識清醒後，人就已經在太空飛船上了。被外星人綁架的主要是女性，他們似乎想要透過特殊的方法，製造出地球人和外星人的混血兒，也就是他們想要移植生命到女性體內。

這其實是破壞宇宙協定的行為；在徵得同意之前，本來是不可以這樣做的，但他們卻破壞了宇宙協定，強行綁架了地球上的女性，為他們生育孩子。換言之，外星人正在試圖強制搜尋自己可以生為地球人的方法。

倘若地球人口因為這種方式而數量激增的話，下一個時代究竟會變成何種文明呢？這真的是非常嚴峻的問題。

據說美國有數百萬人遭到了外星人的綁架，而在其他的國家中，有許多人甚至還不知道自己遭到了綁架。

這雖然不是我所直接負責的工作，但我認為「如果是獲得地球九次元靈人的許可，外星人和平地降生到了地球上」，即被認可「已經達到和地球波長同通的可接受程度」的外星人，在獲得許可後轉生地球的話，那倒也無所謂。

然而，如果是「外星人透過強行綁架地球人，並變成此人的容貌轉生到地球」的方式，而導致地球人口激增的話，那就會對地球文明產生很大的影響。

人口增加也是可以的，但如果使用不正當的方法被迫增加的話，其危險度就很高。

總之，這是不能一概肯定的。回顧過去的歷史，每當人口激增時，就必定會爆發戰爭，所以這也有些令人生畏。

E：謝謝。

七、日俄戰爭和二戰中的「日本的評價」

E：最後，我想請教您有關民族的問題。

近代日本在日俄戰爭中獲勝，這給受到白人殖民統治的有色人種帶來了勇氣。為了結束這種殖民地的時代，請問當時您是否對日本進行了什麼支援呢？

摩奴：這不是我的力量，這是日本神道教中眾神的力量。

祂們的主張是「天下一家、世界大同」；雖然日本樹立並奉行著「幫助亞洲各國」的思想，遭到了其他國家的批判。然而，「讓有色人種擺脫被白人歧視、統治的狀態，進而用自己的雙手爭取自己國家的獨立」，這是非常偉大的實驗。當時，白人的統治已持續了二百年以上，約為二百到五百年間吧！這很接近於方才所提及的奴隸制度。

這可謂是明治維新以後，日本人獨自的努力、勇氣及智慧的結晶啊！這不是單純的民族主義，也有著努力「成為具有普遍性」的一面。

可是，日本並未獲得世界各國的充分理解，想必也是因為日本長期做為島國而存在，所以日本的宗教在教義水平上，尚未達到可以講述世界共通教義的程度。雖然我對此表示贊同，但確實也存在上述問題。

然而，日俄戰爭是個大逆轉啊！這場戰爭本來是必敗無疑的，或者說，這是一場毫無勝算的戰爭。

在日俄戰爭中，俄羅斯本來擁有著絕對的勝算。日本已經預想了「俄羅斯獲勝後，恐怕會將勢力範圍擴張到朝鮮半島」，但沒想到結果出現了大逆轉；我相信這是日本固有的諸神努力得來的結果。

因此，因為「日本比想像中還要來得強大」，而深受打擊的盎格魯撒克遜之諸神，在此之後他們便開始集結力量，準備要徹底擊敗日本；那就是第二次世界大戰。

換言之，「日俄戰爭的勝利是源於日本諸神的力量，但此後遭到報復，日本便被葬送在二戰中了」。

誰也沒想到日本是如此強大的，所以人們都感到「那明明就是必輸無疑的戰爭，日本卻竟然獲勝了」。

然而，從結果上看來，畢竟促成了殖民地的解放，所以也算是實現了日本諸神的一部分志向吧！

八、日本即將開始和外星人的交流

摩奴：回到剛剛「獲得了來自外星人的技術」的話題。

其實不僅是美國，俄羅斯也獲得了來自外星人的技術。在俄羅斯，或者說從舊蘇聯時代開始，就有一部分外星人介入了。

因為外星人也有著不同的種類，所以當不同種類的外星人介入後，便會展開星際競爭。

如今想必也已經進入中國了，因為中國就是以宇宙為目標的。其次，在希特勒時代的德國，實際也有一部分外星人的介入；當時德國努力想要獲得宇宙技術。

僅此而言，就已經有四個國家獲得了外星人的技術。事實上，現在日本也在努力打開和宇宙連接的通道。因此，倘若日本今後以朝向宇宙時代為目標，那麼外星人勢必也會進入日本。

不過，你也是外星人啊！（觀眾笑）別以為跟你沒關係，你就是外星人。

E：我的確抱持著如此自覺。（觀眾笑）

摩奴：你現在雖然是地球人，但本來是外星人。

你真的有戶籍嗎？

E：有的。

摩奴：不過，我在很多地方見過和你長得很像的人，所以說不定地球上有許多和你一樣的人呢！

E：之前，坂本龍馬先生也是這麼說的。（參照《龍馬降臨》〔日本幸福科學出版發行」）

摩奴：是嗎？我在很多地方都見過和你非常相像的人。在中國的南方和北方，以及馬來西亞、美國的唐人街等，我都曾見過和你相像的人。此外，在澳洲的華僑中，也有和你長得一模一樣的人。我已經看過四、五個人了，你是不是有複製品啊？

E：原版在此。（苦笑）

摩奴：你真的是原版嗎（觀眾笑）？

E：是的，我是原版。

摩奴：若不進行檢驗的話，怎麼知道你是不是真的原版。你有拍過X光嗎？

E：偶爾拍過。

摩奴：你身上沒發現什麼異物嗎？

E：X光上什麼都沒有顯示。

摩奴：沒有出現像金屬片一樣的東西嗎？

Ｅ：沒有。

摩奴：真的沒有嗎？

Ｅ：真的沒有。

摩奴：在最近的過去世中，你應該和外星人有過接觸。今世你沒有和外星人接觸嗎？

Ｅ：沒有。

摩奴：你被綁架過吧？

Ｅ：在表面意識上，我是不記得了。

摩奴：你住在日本海。

Ｅ：對，我孩童時代時，曾住在日本海的沿岸。

摩奴：就是日本海吧？

Ｅ：是的。

摩奴：你曾被綁架過三次。

Ｅ：什麼？

摩奴：你被綁架過三次了。

E：是嗎？

摩奴：你完全沒有意識嗎？

E：沒有。

摩奴：從年幼時開始，你過去被綁架過三次了。

若對你進行前世催眠的話，想必你就會回憶起來。

E：是嗎？

摩奴：你曾被綁架過三次，被外星人脫去衣服，全身赤裸地檢查身體。

E：是嗎？

摩奴：他們取了很多你的精液。

E：啊？

摩奴：所以才會有人跟你長得一模一樣。（觀眾笑）

E：我計畫之後在《真自由》的文章中，刊登自己接受前世催眠的過程。

摩奴：跟你長得一模一樣的複製品，也降生下來了。

他們在研究「怎樣的臉，做為地球人比較容易被接受」，最終判定了「你的臉是比較容易被地球人接受的，是國際型的臉」。

你很容易出汗吧？

E：是的。

摩奴：這就是外星人的特徵之一。

E：是嗎？

摩奴：地球上很熱吧？

你所在的星球是比較寒冷的，所以你會感覺地球上很熱。

E：是嗎？

摩奴：因此，出汗就能幫你加速新陳代謝。

你來自比較寒冷的地方，所以會感到地球上很熱吧？真的很抱歉跟你說這些話。

E：我今後會仔細檢查的。

摩奴：我的回答可能對你有些失禮了。

E：沒關係的。

摩奴：我想要確認一下，看看你到底是不是本體（原版）。我真的見過好幾個跟你長得很像的人。

E：好的，我以後會做個仔細的檢查。

摩奴：沒錯，你應該被綁架過三次了。那分別是你年幼時、小學時，還有一次是在國中到高中之間，你至少被綁架過三次。如果對你進行前世催眠的話，你肯定會回憶起來的。你剛說你是住在日本海沿岸吧？

E：是的。

摩奴：當你接受完前世催眠後，也許會產生誤解，說出「自己是被北韓綁架過」。但那不是北韓，綁架你的另有人在。而且，他們拿走了很多你的精液。

E：不會吧？

摩奴：我勸你還是小心為妙。

E：衷心感謝您。接下來，請允許我們更換提問者。

九、如今日本正面臨著國家滅亡的危機

大川咲也加：我叫大川咲也加。請允許我換個話題（笑）。

您方才也提到了日本，現在主愛爾康大靈已降生於日本之地。包括戰爭時代在內，日本神道教對日本民族的影響一直是非常大的。

請問您是如何看待現在的日本呢？請您告訴我們您的意見。

救世主的降生，帶有孤注一擲的性質

摩奴：我認為日本是很危險的。從地政學，或者說從世界地理的角度來看，我認為日本是非常危險的。

這麼一個極東的小島國，曾攻破了白人的大國，堂堂正正地和美國戰鬥了近四年。雖然最後是以戰敗告終，但後來又東山再起，一躍成為世界第二的經濟大國。

今後，中國勢必將成為日本的對抗勢力。因此，若不小心提防的話，日本有可能就會淪為被羅馬消滅的迦太基一樣的下場。

在外國勢力中，也有人主張「自己曾在二戰中被日本徹底擊潰，所以現在想要將日本民族徹底根除掉」。

「救世主的降生」，在某種意義上帶有孤注一擲的性質。日本有可能得到拯救，也有可能是「真的要走到盡頭了，所以救世主才降生的」。

就好比是從宏觀的角度，或者說整個地球的視野來看地球儀一樣，當看到日本這個國家時，也很難想像「這麼小的國家，竟然能獲得如此程度的發展，並具備著如此強大的力量，足以能夠對抗白人的國家，以及人口數量為本國十倍的中國等國家」。因此，若不多加留意的話，日本極有可能會遭到滅亡。

因為日本背負著太多潛在意識下的憎恨，所以搞不好真的會走向滅亡。

雖然不及前面所講的拉姆迪雅、穆，或者是亞特蘭提斯，但我認為「如今再次流向新文明的可能性極大」。

從外國人看來，日本擁有著難以容許的國力

摩奴：日本人的源流來自於「穆」。日本流傳著相當程度的穆文明，因為從穆大陸逃出來的人所創建的文明，即是日本文明；這也是日本諸神有著較高靈格的理由所在。

因為穆人的到來，使得這個位處極東位置，如避難所一般的小島上，也有著許多靈格很高的偉大高級神靈。因此，現今日本才能在經濟上、科學上獲得如此發展，並在學術上有著強大的力量。

在亞洲的人種當中，也屬日本人的性格最為異常；這就是因為日本在相當程度上流著了穆人的力量。

而且，拉穆靈魂的一部分，現在也出現於日本。我想，現在正處於「這不是成為最後的光輝，要不就是今後將繼續閃耀光輝、照亮世界」的分界線上。

不過，若以多數表決的方式來看，恐怕還是認為「日本過於鋒芒畢露」

的意見占多數吧！

現在美國也在打擊日本（收錄當時）；此外，中國、南韓和北韓今後也將會打擊日本。如果日本應對失誤的話，其他的國家想必也會採取同樣的行動。

一旦日本應對失誤，亞洲和非洲都將會認為：「我們同樣都是有色人種的國家，怎能容忍日本獨享好處呢？」因此，今後的對應會非常困難。

總之，日本必須要透過宗教的慈悲之心來遂行活動，對於地球的各個角落皆抱持著「要幫助眾人」的心念。

從外國人看來，或許會感到「日本擁有著難以容許的國力」，但他們無法理解其理由何在。「真搞不懂為何日本能有今天的成就」，這即是世界一般的看法。

大川咲也加：謝謝。

摩奴：穆的主流，現今正存於日本此地。

事實上，因為穆大陸最優秀的人才流入了日本，所以日本才能取得如此發展。

若能追溯到這根源的部分，那麼其他國家的人們也就能理解「為何同樣是有色人種，但唯獨日本最為突出」。然而，因為人們並不知這緣由，所以便覺得日本是非常狂妄的國家。

若能給外國帶來正面的影響，成為備受尊敬的國家，便可形成「抑止力」

大川咲也加：您認為「日本正面臨著危險」，那麼我們這些選擇降生到當今日本的人們，今後應該如何推動日本的發展呢？您若有任何建議，還請您賜教。

摩奴：關於這個問題，嗯……。

過去是大海保護了日本，如果沒有足夠強大的海上運輸能力，就不可能佔領這個國家，所以說是大海保護了日本。

然而，今後僅憑大海是無法保護日本的。過去是要求必須有相當強大的海上運輸能力，否則，透過陸軍力量無疑是難以佔領日本。但如果是直接消滅日本，而不是佔領日本，那就很簡單了。

倘若有人提出「日本人真是可惡」，以此煽動人們的憎恨情緒、企圖消滅日本的話，那已經不是什麼不可能的事了。

一旦國際輿論中興起了「讓我們消滅現在的日本吧！」的論調，日本就會像過去的猶太人一樣，必將走向滅亡的道路。從軍事上來看，也肯定會是如此結果。他們若以「殲滅日本」為目標的話，那註定是如此結局。如果他們是想要「佔領日本」，那就需要相當的準備時間，而且日本事先還會有所察覺。但若是想要殲滅日本的話，日本根本就回天乏力。

從這個意義上來說，既然日本已經誕生了偉大的思想，那就必須將此廣布至全世界，給世界各國帶來正面的影響，進而成為備受他國尊敬的國家才行；我認為這是非常重要的。

幸福科學已成立政黨，試圖透過具體的形式來改變日本，這的確是很尊貴的行為。不過，若能在宗教、思想和精神方面成為備受尊敬的國家，這無疑也將形成一股抑止力。因此，我認為日本亦必須在宗教方面進行戰鬥。

過去，日本神道未能傳佈到國外。雖然曾在韓國和中國樹立了神社的鳥居，但那些全都被燒毀。此外，日本也建立了殖民地，強迫當地人學習日語、信仰神道等，但這些也全部遭到了排斥。因此，我認為日本必須抱持更高層次的全球性思維才行。

我鮮少降臨到幸福科學，這可謂是我第一次過來。但耶穌經常降臨到這裡，所以你們可以一邊親近基督教、一邊追求自己的發展，這也不失為一個好辦法。

日本爭取「脫亞入歐」已持續了一百多年，在這盎格魯撒克遜的潮流中追求發展和繁榮，我認為仍然是比較安全的。如果太過於追求獨特性，危險度就會增加。倘若過於高調地主張「世界領導者不是美國，也不是中國，而是日本」的話，那勢必會遭到雙方的進攻。

總之，在宗教方面建立思想高度的同時，日本還必須進一步開展結交國際朋友的運動。

此外，日本人尚未察覺到「自己也有著獨勝的一面」。諸如「日本有人窮到食不果腹，正為貧富差距的問題而煩惱」這類的報導，當前十分流行。對此，應該反駁道「請前往亞洲和非洲進行實地採訪後，再來進行報導」。看了亞洲和非洲的情形以後，人們就會知道「日本是很富裕的國家」。日本可是非常富裕、奢侈的國家，富裕到有點在糟蹋浪費食物！

對於這樣的國家批判「有著貧窮問題」、「有著補助金的問題」，這實在是說不通的。但對此，日本人並不瞭解。因為日本人只去發達國家旅行，而不願意前去落後國家。

日本人總是丟棄了很多剩餘的食物，可謂是揮金如土的奢侈國民。

如果迫害救世主，日本人就會重蹈過去猶太人的覆轍

摩奴：日本人須多加留意，以免像過去的猶太人一樣遭受到憎恨。後世被稱為救世主的耶穌·基督曾降生於猶太，但極具諷刺的是，自此四十年後，猶太國竟然滅亡了；我希望你們能避免如此愚蠢的行為。

你們的事業是出乎意料的廣大；救世主好不容易才降生到日本，想要將如此思想廣布到全世界，進而拯救眾生。可是，倘若日本國民以對待邪教的方式，對幸福科學進行全國鎮壓，或者是一舉消滅的話，那麼等待日本人的，極有可能是與過去猶太人相同的命運。

全世界的人們都開始相信「救世主已經降生於日本了」，可是日本人卻要進攻並毀滅幸福科學，或者是對主施加鎮壓、使主陷入極度悲慘的境地，甚至是殺害主。在這種情況下，將會發生何種結果呢？這有可能會成為全世界的人們消滅日本的藉口。

因此，切不可重蹈猶太歷史的覆轍啊！這就是我所擔心的事情。

我發現「全世界的人們反而更公平地相信幸福科學的教義」；這是極具普遍性的教義。

很抱歉我總是講述不吉利的話語，但日本人有可能會產生許多不幸現象，好比說像我指導的馬丁．路德．金一樣遭到暗殺，或者是因批判天皇陛下及天皇制而受到右翼勢力的襲擊，亦或是受到左翼恐怖組織的攻擊等等。

就像這樣，一旦日本人傷害到救世主，或者是暗殺了救世主的話，那麼全世界的人們就會開始發怒。正如猶太人被詛咒了兩千年一樣，日本人也將受到詛咒，而不得不流浪於世界各地。為了避免這種可能性，你們千萬不可消滅主，且必須要堅定地維持保護主的體制。

如今，當你們發現某些異常、隱蔽的分派活動，已於不知不覺中逐漸生根發芽後，也終於開始在思考解決方案了吧！（收錄當時）。

那些活動已經開展了有十多年，但你們現在才總算採取了如此的遲來對策。正因為你們忽視了這一個一個類似的活動，所以才害得你們的主的教義未能在日本，以及全世界，做為正確的教義而得以廣布。此外，在日本國內，幸福科學也被當成邪教之類來對待，所以有時也會出現「不被社會認同」的結果。

愛爾康大靈明明已經降生了，但日本人卻想要鎮壓，或者說毀滅愛爾康大靈及其教團。萬一發生這樣的事情後，這真的就會給全世界帶來消滅日本的藉口。一不留神，日本人就只能付出如此代價。

從日本現在的唯物論媒體等的行動看來，我感到「如今事態很嚴重啊」！二〇〇九年，幸福實現黨開始展開了選舉活動。但媒體沒有支援，多數日本人也始終是採取冷淡的態度。如果說「這就是日本人的常識，日本根本不需要如此宗教」的話，那麼正如方才所說的那樣，雖不知神會以何具體形式表現出憤怒，但一定會出現反作用。

特別是在主尚活於世間之時，就有團體將主的教義換骨奪胎、伺機抄襲。然而，明明有如此惡魔開始攪局，但人們卻對此無動於衷，或者說任由惡魔擺佈、招致混亂；這將會成為幸福科學成為世界宗教的關鍵瓶頸。

當然，更不能將幸福科學與如此邪教混為一談。

因此，使信仰純粹化，並進一步正確地傳播和廣布信仰，是非常重要的。

正如大川總裁經常所講的，倘若日本真的不希望開戰，那就必須將如此教義傳佈到美國、中國、俄羅斯、印度，以及亞洲、澳洲、非洲等地區，並創造數以億計的幸福科學信徒。並且，必須讓幸福科學變成世界宗教。

縱觀歷史，只要成為世界宗教，就不會遭到滅亡了。但凡處於在此之前的階段，就有很多國家遭到了滅亡。因此，最近幾年日本還會持續處於危險的狀況。

雖說去年挺過來了，但那看起來也是消滅幸福科學的一個環節啊！

透過選舉的手段，日本人表達出了「日本國民根本不承認大救世主、人類之父之類的存在」的意念。

因此，我認為你們必須還必須更聰明一點才行啊！

大川咲也加：感謝您的寶貴意見。

十、自稱為「瑪爾古利特的妹妹」之人的真相

大川咲也加：請允許我詢問最後一個問題。

　　您方才也有提到，最近日本出現了批判幸福科學的分派活動（收錄當時），但那個邪教聲稱「自己是接受著摩奴的指導」。

　　請問您本身對此有何意見？

應該擊潰模仿幸福科學的團體和亞流團體

摩奴：聽完我至目前為止的話語，我想妳應該明白，我是絕不可能對那樣的團體進行指導的。

　　我是站在地球的高度上來思考事物的，但那個女性從未考慮過這些事情吧！她所考慮的，想必只是「到底能從幸福科學當中挖走多少個會員」。

　　我想最大的論點之一，即是「到底是ＧＬＡ（編註：由高橋信次創辦的

團體）的思想更優越、還是幸福科學的思想更優越」。

那位女性原本是GLA的信徒，所以應該會認為「GLA為『主』，而幸福科學則必須為『從』」。因此，她想必是不滿幸福科學將GLA的思想視為「從」，進而主張「自己所說的才是正確的。自己是GLA高橋信次的繼承者」。

然而，我們並不贊同這種想法。高橋信次的思想終歸只是前奏而已，只是地基的一部分。

做為前奏，日本還有著大本教、天理教、生長之家等眾多教派，而GLA只不過是其中之一。

從廣義上來講，今後基督教和伊斯蘭教等也將會成為前奏吧！隨著幸福科學的進一步壯大，當今那些世界宗教也會成為幸福科學的前奏。

穆罕默德曾自稱為「最後的預言者」，然而繼最後的預言者之後，如今出現了「最後的大救世主」。要讓世人認同這一點，絕非是易事。

但若稍不留意，你們的過度努力反而會讓對方變得更有名。因此，你們必須留心，以免讓反幸福科學的勢力集結起來。倘若對此處理不當，後果將會很嚴重，所以還是小心為妙。

今後恐怕還會出現很多類似事件，因為幸福科學已經獲得了蓬勃發展，所以試圖效仿幸福科學的模仿團體、亞流團體等，今後自然會層出不窮。對此，我認為必須加以擊潰才行。

不過，如果讓反幸福科學的勢力過於受到世間矚目的話，反而會有助於增強對方的勢力。因此，切不可讓這種事情發生。

此次是惡魔的失策

摩奴：那位女性是何人呢？

大川咲也加：阿瑪利艾魯。

摩奴：她說自己跟我是什麼關係？

大川咲也加：她說您做為大師瑪爾古利特降生之時，她是您的妹妹。

摩奴：妹妹？我生活在僧院中，怎麼會有妹妹呢？「妹妹」是巧妙的說辭。我們完全沒有任何關係的。

如果執意要說有關係的話，那就是「神和惡魔」的對立關係。然而，她這個惡魔還構不成我的對手。

我想她可能是巧妙利用了幸福科學教義上的空隙；她一邊效仿幸福科學，讓幸福科學的信眾誤以為她和自己擁有著相同的思想，一邊又巧妙地攻擊你們不太關注的地方，自稱「這裡講述著你們那裡沒有講到的教義」，進而成功地拉攏了信徒。

然而，從世俗的角度來看，這就好比是後起的補習班，從大型補習班那裡爭奪學生一樣。（笑）因此，只要這邊採取相應的對策，就一定能解決問題。

譬如說，大型補習班的空隙就是「在教室裡統一授課，常會出現跟不上進度的學生」。於是，有很多其他的補習班便乘機將這些學生一個個搶走。那些無法跟上團體課程計畫的學生，很容易就會被帶走。

宗教也是如此，一旦成為大型宗教後，通常就會以相似的研修資料，對信眾們進行統一的指導。因此，隨著宗教勢力的壯大，總是免不了出現外溢的部分。此外，如果有人疏於採取對策的話，他們就會開始巧妙地攻擊這個地方。

這就是「乘隙攻擊」的間隙產業，即抓緊空隙進行攻擊。但如果大型組織能注意到那空隙的話，那麼他人進行攻擊時，對方就會瞬間被擊潰。從這個意義上來講，此次反而有著「促進了幸福科學覺醒」的一面，這讓你們意識到了「靈言仍有著如此廣泛的市場」。「讓幸福科學察覺到『還必須進一步開拓靈言市場』」，這在某種意義上，也算是他們的「功勞」吧！

這或許是惡魔的失策之舉，但也是他們經常出現的疏忽。

總而言之，我和她完全沒有任何關係。

大川咲也加：感謝您的寶貴意見。接下來，請允許我們更換提問者。

摩奴：好。

十一、拉姆迪雅時代的宗教

F：感謝您今天賜予我們如此奇蹟的時刻。我隸屬於指導研修局，主要負責精舍和支部的研修資料等。現在提到了日本出現了一個邪教，關於這個邪教引以為據的「雷姆利亞」，即拉姆迪雅時代的宗教，對此能否再請您賜教更詳細的內容。

摩奴：好。

F：現在幸福科學講述的基本教義，即是「探究正心及四正道（愛、知、反省、發展）」。此外，做為幸福科學的基本書，主賜予了名為《太陽之法》的聖典。

您方才說過「在拉姆迪雅時代，您是在僧院中進行瞑想和祈禱」，那麼請問您當時講述的是什麼樣的教義呢？

「金星之法」是拉姆迪雅的基本想法

摩奴：我剛才說過「在拉姆迪雅，藝術是十分流行的」，但實際上，那時是受到了金星極大的影響。雖然當時也有很多來自其他星球上的外星人，但金星的影響力卻是最大的。

金星是充滿愛、和諧和美的星球，如此「金星的教義」、「令人懷念的故鄉的教義」，其實就是拉姆迪雅的基本想法（注）。

因此，拉姆迪雅追求藝術、宣導「和平」，其基本想法就是「金星之法」復活的部分。雖然不同於「太陽之法」，但這種「將愛、和諧和美融合為一體」的教義，正是拉姆迪雅的宗教之基本教義。

我很難用現代的言語來表達如此教義，但若執意要譯為現代語的話，那就是「美的和諧教」；總之是這種感覺的宗教。

「美的和諧教」，這是金星人潛在意識下的基本思想；這種思想便是拉姆迪雅教義的基底。

與此相對，剛才提到的沉迷於科學技術的人，是在此之後出現的。那是來自其他星球之人的誘惑。智慧之樹的果實中，不僅有蘋果，也有著「科學技術的誘惑」。我認為「將藝術和美術融為一體的人，因為品嘗過在戰鬥中取勝的喜悅，進而才會走向墮落的」。

「金星之法」是愛爾米奧靈傳給了愛爾康大靈的和諧之法，亦是在宇宙中，昴宿星系進行的教義。

此外，「金星之法」也流入了天琴座，但之後，在很大程度上已經變質了。教義變質後，便逐漸形成鬥爭性和競爭性很強的教義。

現今地球靈界拒絕爬蟲類型外星人的移居

摩奴：上述提及的綁架案事件，就是來自麥哲倫星雲（Magellan）中，齊塔星的外星人所為。我們稱之為「齊塔星」，也就是高橋信次所講的「貝塔星」。

雖然高橋信次稱之為「貝塔星」，但其真實名字卻是「齊塔星」。實際上，這是爬蟲類型外星人的根據地之一。

另外，現今地球靈界已經採取了拒絕的態度，認為「地球上不需要更多的爬蟲類型外星人了」。

地球靈界認為「如果我們的世界中，再繼續增加爬蟲類型外星人的數量，那麼紛爭也只會進一步增加，所以我們不再需要」。但越是遭到拒絕，爬蟲類型外星人反而越想要進入，當然這也是人之常情。因此，他們決定「就算是綁架地球人，也要增加同夥」，進而破壞了宇宙協定。

宇宙協定中規定，只有當某個星球因戰爭等，快要毀滅自己的文明時，其他的星球方才可以介入。然而，當那個星球的文明尚處於和諧狀態時，其他的星球是不可以直接干涉的。

可是，他們卻辯解道：「雖然我們綁架了地球人，並對他們進行催眠實施了各種手術，但最終我們也會消除相關記憶，使他們恢復到原本的狀態。既然他們已經喪失了相關記憶，那就稱不上是文明介入。」他們便是如此利用法律的盲點，在現實中在遂行著綁架事件的。

對於如此外星人，如今是時候要進行嚴厲取締了。

總之，「如果愛爾康大靈之法，不能做為地球上的主流教義得以廣布的話，地球文明就會很危險了」。

如今，那個團體正拼命試圖想要捧起「愛爾蘭提」。如果那個宗教成為主流的話，爬蟲類型外星人就會大量進入地球。

他們捏造出「愛爾蘭提」這個子虛烏有的名字，然後主張「愛爾蘭提就是地球和宇宙的統治者」。如果將愛爾蘭提捧為地球的中心神，他們就能大量地引入爬蟲類型外星人。因此，這個勢力其實是以此為目標的。

然而，地球如今是以追求和諧為目標，所以不希望出現更大的混亂。即地球靈界不願再看到由於人種和性格的不同，而導致民族紛爭和戰爭頻發了。

如果我們有能力讓他們變平和的話，那麼再引進爬蟲類型外星人，也不是不可以。為此，就必須讓佛陀講述的「慈悲與和平的教義」，以及耶穌講述的「愛的教義」成為主流思想。若非如此，我認為地球靈界是很難吸收、消化他們，並且將他們完全變為地球人的。

所以在某種意義上，這是一場巨大的戰役。

在《太陽之法》中，你們曾「宣傳」過他們的思想。因此，若不加提防的話，搞不好就會出現反效果，讓人們誤以為「其實他們是更了不起的」。在座的各位當中也存在一些（指聽眾當中有著原本是爬蟲類型外星人的地球人），所以我不好多說。

若是已被地球同化的人，當然是沒問題，我肯定不會追究你們的罪責。（笑）但是，我們真的不想將更多的紛爭帶入地球。

總之，我希望「在我們可以教育的範圍內，接受爬蟲類型外星人」，我並不是完全拒絕接受他們，但必須是在可以教育的範圍內。

為此，就必須將幸福科學的教義，進一步廣泛傳佈開來。如此一來，可以教育的範圍也就會擴大。

然而，一旦爬蟲類動物數量增多的話，各處都有可能會發生超現代的戰爭，人類會出現滅亡的危險。如果戰爭中還大量使用核武，甚至是比核武威力更大的武器，那危險度就會更高。

如此時期現今已經來到，所以我認為必須設法強烈地推廣愛和慈悲之心。

F：好，謝謝您。

〔注〕金星曾在愛爾米奧靈（愛爾康大靈）的指導下，建立了充滿夢、愛、美和知性的最高度發達的文明。但於數億年前，因火山大爆發而導致生存困難，所以金星人便開始移居到地球，以及其他有著友好關係的星球（昴宿星團和天琴座的織女星等）上。（參照《太陽之法》〔中文版由台灣華滋出版發行〕、《「宇宙之法」入門》〔日本幸福科學出版發行〕）

十二、來到地球之前，生活於怎樣的星球上

F：最近，主愛爾康大靈在「宇宙之法」的前期階段，為我們降下了很多有關「宇宙」的靈言。

聽說您是於二億七千萬年前，從獵戶星被邀請來到地球上的。（參照《太陽之法》）

可否請您在可能的範圍內，告知我們：「您原本生活的星球，是怎樣的星球？那裡的人們，是在怎樣的教義下生活的？以及您來到地球時的樣子。」

摩奴：那是很久以前的事情了。那實際上相當於人類的「創世紀」傳說，所以可能已超越了我的權力範圍。

不過，在地球時間二〇一〇年之際，獵戶星的文明已經滅亡了，那裡的人們已全部死亡了。

我們離開那個星球的時候，已經是接近於末期的狀態。在此之後，也陸續有幾批獵戶星人來到了地球。然而，做為文明而言，現在獵戶星文明已經滅亡了。雖然空中還能看到獵戶星，但那裡已經沒有人居住了。

至於「獵戶星為何會滅亡」，各位不妨可以理解為是因為爆發了類似核武的戰爭。由於民族之間的抗爭激化，所以就爆發了類似於核武的戰爭。

那時，和平主義者曾建立地下組織，進行過抵抗。但畢竟是持有武器之人的力量更強大，所以很遺憾，和平主義者最終未能成為主流。因此，他們便組建船隊，從獵戶星逃離出來了。

那已經是過去的事了，所以我很難回憶起具體的細節。我記得，當時我們在地下建立了很大的抵抗組織。透過創建地下要塞，開展了抵抗運動。此外，我們還在地下要塞中，建造了逃離用的太空船。後來有一天，我們發現「照這樣下去，這個星球肯定會滅亡」，所以就在最後時刻逃離出來了。

我估計剩餘的人，全部在核戰中喪命了。

我們乘坐的，是巨大的飛行物，但不是圓盤飛碟。就現在而言，那是長為約兩公里的、非常巨大的ＵＦＯ。

我不曉得那是否就是雪茄型ＵＦＯ，是全長兩公里左右的巨大ＵＦＯ。而且從食物到各種工作等，那裡面的設施是一應俱全，就好比是一個城市。此外，有人工太陽圍繞著它運轉，也存在人工重力等。我們就是乘坐這樣的ＵＦＯ，來到地球的。

我記得我們大概花了八到九年的時間才到達了地球。在偉大的愛爾康大靈的引導下，我們終於來到了地球。

因此，我們從獵戶星來到地球的種族，相對來說是愛好和平的種族；而好戰的種族，就在內部抗爭中自取滅亡了。

由於背負著如此的「業」，所以我們便立志「絕不讓地球重蹈覆轍」，並始終為此努力著。

如果地球走向毀滅的話，我們又必須逃離地球。而我的工作，其實就是努力避免地球人成為這般的「宇宙流浪者」。

因此，「透過解決民族問題，從而協助人類未來設計」，就是我的工作。

十三、主愛爾康大靈是怎樣的存在？

F：最後我想請教，從您眼中看來，至高神愛爾康大靈是怎樣的存在呢？

摩奴：我不清楚。因為從很久很久以前開始，祂就已經存在了。而且和愛爾康大靈有著關係的宇宙，並非盡是我們所認識的。祂和我們所不知道的宇宙也有著關係，並且和其他宇宙的彌撒亞似乎也有交流。

因此，愛爾康大靈究竟是身處何等世界，我們也搞不清楚。雖然祂的分身出現在九次元世界，但我們還是認為「祂其實不是九次元存在」。在《太陽之法》等書籍中，也曾提到「地球上有著十次元存在」，以及

「也存在著大日意識、月意識、地球意識等如此星球的意識」。可是不論怎麼看，這些都只是存在於太陽系中，和地球磁場有關的大靈。

然而，和愛爾康大靈有關聯的地方，實際上已經超越了這個銀河。我們發現到「祂和其他的銀河，以及我們所存在的宇宙之外的宇宙，似乎也有著聯繫」，所以我相信愛爾康大靈並非僅是九次元存在。

我認為祂也不是十次元存在。實際上，其意識的核心部分應該處於更高層次的世界。

就此，我們已經無法進行判斷了，所以我不清楚。

現今，愛爾康大靈正在講述著宇宙論的序論。但是祂最後所講述的，將會是「宇宙之法」，亦或是「愛爾康大靈之法」，我就不得而知了。想必是在法完結之後，最終才會揭開答案吧！

或許是祂考慮到「為了將地球人從煩惱和痛苦中解救出來，現在還沒有必要講述如此內容」吧！

此外，對於宇宙進行大肆解說的人當中，也有著很多邪惡的、錯誤的，以及製造混亂的想法。因此，為了避免和如此之人混同，愛爾康大靈正在等教團發展為世界宗教。

當幸福科學做為世界宗教得以壯大時，祂就必定會提示未來的教義。那應該會是未來宗教的應有之姿，或是未來型的「宇宙之法」吧！

總之，很遺憾的，我們這樣的人現在還無法知道答案。

不過，我可以斷言一點，即「我們所居住的宇宙有著四百億年的歷史」，但據說「愛爾康大靈的意識已經記錄了一千億年的歷史」。

那麼，在那剩餘的六百億年間，愛爾康大靈都做了些什麼呢？如此思考的話，便可以推測「在我們所居住的這個宇宙之外，祂還和其他的宇宙有著關聯」。

太空中還存在著好幾個銀河系宇宙，愛爾康大靈或許就參與了這些其他宇宙的創世工作。因為祂絕不可能沉默了六百億年之久，所以可以推測「祂曾經遂行著其他宇宙的創世工作，而如今正負責現在的這個宇宙」。

不過，這和我現在負責解決地球上民族問題的工作，規模是完全不同的。

因此，我也不清楚「你們是否能學到與此相關的教義」。為了學到如此教義，就必須積累相應的靈魂修行。而且，這想必也和「幸福科學這個宗教，究竟能在地球上傳佈到何種程度」有關係。

佛教勢力已經是相當衰退了，今後會是「伊斯蘭教文明」和「基督教文明」之間發生激烈衝突的時代。因此，愛爾康大靈正試圖講述著跨越如此衝突的教義。從現在所追求的方向來看，就已經一目了然了。就像這樣，當如此教義在地球範圍內得到廣泛認可後，我想接下來就會開始講述「宇宙之法」吧！

在這個過程中，我也將會致力於解決民族問題。

因此，很遺憾，幸福科學至今仍被那種小型宗教的分派活動所困擾，其原因就在於「弟子們在世俗性工作的能力方面，還存在很多問題。或者說，弟子們還沒有足夠的能力來解決問題」。

一旦上升到國家、民族的高度後，就更難解決問題了。

以上就是我的回答。

F：我們已經窺見到了隱藏於神秘面紗之後的主愛爾康大靈的姿態。今後我們將繼續散佈光明，努力傳道。

由衷地感謝您今天長時間為我們解答疑問。

大川隆法：（對摩奴說）謝謝。

第一部 第三章 摩奴所講述的「雷姆利亞的眞相」

（二〇一〇年二月二十八日 摩奴的靈示）

（二位提問者分別以D、F表示）

一、為何現在要收錄「摩奴的靈言」

首次嘗試在支部精舍收錄靈言

大川隆法：目前我一直是在幸福科學的總合本部，公開收錄各種靈言，然後將其拿到支部和精舍進行放映，我想各位也多少看過相關內容了。

可是，也有人提議「在支部收錄一次靈言」，後來大家就推薦了東京的代表支部之一——世田谷支部精舍。不知今天的結果是否會圓滿，但我要嘗試在支部收錄靈言。

特別是在幸福科學的教義中，有講過「九次元大靈共有十人」，其中，也有著本會經典中講述不多的人，以及尚未收錄過靈言的人。對於這本會教義的薄弱之處，外部一些人就開始胡亂猜測，出版或發表各種言論；而我現在就是要填補裂開的「空隙」。

今天，我選擇要收錄摩奴的靈言。關於摩奴，只在《太陽之法》等書中有過一部分的記述。在《太陽之法》中，講述有關「拉姆迪雅文明」的地方曾有所提及，並且也提到了，在九次元世界當中，摩奴負責處理民族問題。除此之外，就沒有其他相關資料了。

為此，我聽說教團外部的人便恣意利用摩奴來做文章，所以既然教義存在著不足之處，我認為就必須予以填補。

有意不出版「靈言」的理由

大川隆法：（對聽眾說）各位毋須如此緊張。

對我來說，收錄靈言已經是家常便飯了，我以前曾出版過為數眾多的靈言集。

然而，當收錄各種靈人的靈言時，他們會講述許多不同的內容。的確，做為靈人們個性迥異的證明，確實有其有趣之處。但僅是如此的話，人們就會搞不清楚「幸福科學的教義究竟是什麼」，最後只能說「請各位自由理解」。

換言之，「若是出版過多的靈言，那將會很危險」。因此，我開始透過自己的理論書，以及自己的說法集，來統合幸福科學的教義。

其實在我進行說法之時，各位也是在聆聽靈言。不過，我的說法都是以「大川隆法的教義」為名，所以會在內容上加以確認後，透過可納入本會教義的形式進行統合。從這個意義上來說，靈人的「言論自由」幾乎是得不到保障的。

就像這樣，我在進行說法之際，通常會努力不讓內容和本會教義有太大的偏差。但如果是「讓靈人說出各自的姓名，可以暢所欲言」的話，那可能就會講出與本會教義相悖的內容。

出於如此原因，我直至最近為止都沒有再出版靈言。可是，由於我沒有出版靈言，結果被他人惡用，說成是「大川隆法喪失了靈言能力」等等。我聽說「喜好靈言的部分信徒，也好像前往了能聽到『靈言』的地方」。

因此，我考慮到近十幾年都沒有出版靈言了，所以偶爾也應該出版一些吧！

並且，因為我的認識能力早已超過了六次元、七次元世界的靈人，所以就越發難以降下靈言了。

基於以上原因，我就變得很少出版靈言了。但有些團體似乎利用這一點四處行惡，所以我決定試著在世田谷支部精舍公開收錄一次靈言。

坐在各位前排的人（指提問人F）可不是巫女啊！（觀眾笑）

事實上，我於兩天前嘗試在總合本部收錄了宙斯和摩奴的靈言（收錄於第一章、第二章）。所以，我此次叫來了當時的兩名提問者，是計畫在整理上次觀點的基礎上，讓他們再從不同的角度進行提問。

（手指前方的空間）提問者可不會從這裡爬出來，四肢著地的爬過來。（觀眾笑）那是惡靈現象，今天不會發生這種情況。

（對提問者F說）那麼，我們開始吧！

（對聽眾說）各位有聽過摩奴這個名字嗎？沒問題吧！

接下來，我要招喚摩奴的靈魂。

九次元靈摩奴、九次元靈摩奴、請降臨到幸福科學進行指導。

九次元靈摩奴、九次元靈摩奴、請降臨到幸福科學進行指導。

九次元靈摩奴、九次元靈摩奴、請降臨到幸福科學進行指導。

九次元靈摩奴、九次元靈摩奴。

（約十秒鐘的沉默）

摩奴：我是摩奴。

二、講述拉姆迪雅文明的真相

F：感謝您再次奇蹟般地降臨。我是幸福科學指導研修局的○○，請多多指教。

今天的題目是「雷姆利亞的真相」。我聽說「雷姆利亞」一詞是約一百年前的某位學者所起的名字，但當時的稱呼更接近於「拉姆迪雅」的發音，所以請允許我在提問中，使用拉姆迪雅這個詞。

摩奴：好。

F：之前，利安托．阿爾．克萊德曾教導我們「當今人類並非是人類的全部，過去還存在著外形不同的人類，即拉姆迪雅人種」。（參照《「宇宙之法」入門》第一章〔日本幸福科學出版發行〕）

摩奴：是。

F：這個拉姆迪雅人種，究竟是怎樣的人類呢？請您告知我們其具體的身形、膚色、身高等等。

拉姆迪雅居住著紅種人、白種人及褐種人

摩奴：拉姆迪雅人種當中，其實也有著好幾個種類。大致可分為紅種人、白種人，以及介於現在的黃種人和黑種人之間的褐種人。這三個人種住在拉姆迪雅，其中的紅種人稍佔優勢。

當然，除了這三個主要人種之外，也存在著其他有些不同的形式。因為在拉姆迪雅時代，有很多是來自宇宙的外星人，有些外星人尚未完全進

化成人類。因此，既有呈現出人形的「存在」，也有好幾種非人形的外星人。

此外，當時最具力量的當屬紅種人；但現在幾乎看不到紅種人了，所以可以推測他們已經滅絕了。

紅種人長得非常高，一般都能達到二米三左右，高的人可能接近三米；他們就是巨人族的始祖。各處都有著巨人傳說，但他們是非常高大的人種。

由於當時已經有了現在的人類，所以透過和他們交配，也誕生了近似人形的物種。但紅種人當中，也存在著不是「雙手、雙腳」的人種。

此外，現在是分成男女兩種性別，但當時是有著男性、女性，以及雙性等三種性別。即存在著男性族、女性族和雙性族，而雙性族有著四隻手、四隻腳。

所謂雙性族，即是男女合體的形式。雖然是非常不可思議，但雙性族是透過「通常情況下是有著八隻手腳，只在進行交配時，身體才會分離。

等交配結束後，身體又將恢復如初」的形式，反覆延續著生殖的種族。

可是，雙性族最終被分離，從而完全分成了男性或女性。

此外，在白種人當中，存在著酷似現在歐美白人的外星人。其中，也有著和北歐白人相像的人種。他們現在亦被稱為「北歐人」，身高大多在一米八左右。

他們的外形，跟現代人幾乎是一樣的。他們本來就是從同一個地方分離出來的，所以基因也是相同的。換言之，他們是從同一個地方，也就是金星分散到其他幾個星球的相同人類。他們是從這些當中的某個星球上，來到了地球。

另外，方才所提及的褐種人，後來也更明顯地分成了黑種人和黃種人。

但在拉姆迪雅時代，他們被視為褐種人。

拉姆迪雅是漂浮在印度洋上的巨型大陸；在現在的非洲大陸地區，當時已經住著黑種人了。但在拉姆迪雅，住著與之稍有不同的褐種人，後來則分成了黃種人和黑種人。

在其附近的非洲大陸上，主要是以黑種人為中心。但是除了黑種人之外，也存在著一些青白種人。此外，在其北部地方還住著部分白種人。

拉姆迪雅意指「充滿神光、富涵母性的美麗大地」

摩奴：我們的確是稱之為「拉姆迪雅」，但世間中這樣稱呼的，目前就只有幸福科學吧！

關於「拉姆迪雅」，就如同於幾天前你們聆聽到宙斯，即大聖艾勒佩利雅所講解的一樣。（參照第一章）

「『雷姆』一詞，在英文中意指狐猴。這種被稱為雷姆的狐猴，現在棲息於非洲東側的馬達加斯加島，以及其他的印度洋島嶼上，而並非是非洲大陸，或者是印亞大陸和歐亞大陸。牠們如今棲息在隔海相望的島嶼上，這就表示以前這些島嶼是相互連接的。除此之外無法做任何解釋。因此，那裡想必曾有著巨型的大陸。」

如此假說，是一百多年前提出來的。源於雷姆這個狐猴的名字，所以將大陸假定為雷姆利亞之名，進而出現了「雷姆利亞大陸」、「雷姆利亞文明」。

因此，如果有靈人從過去的時代降臨而來，稱「自己是雷姆利亞人」，或「雷姆利亞文明」，卻不知道除此之外的稱呼，那就可以斷定此人是在撒謊。

拉姆迪雅中的「拉」字，早已被人們廣泛使用。在英文中，「拉」字有兩種寫法，它們分別為「LA」和「RA」。這是因為在以前，兩者的發音是相同的。這個「拉」字，意指「光」、「神光」，並且被人們長期普遍地使用。

另外，拉姆迪雅的「姆」字，意指「母親」。即相當於現在英文中的「mother」、「mum」，或者說德文中的「Mutter」。

而「迪亞」這個說法，其實是表現為女性名詞。當時人們用「迪亞」這個詞，來表達「美麗的大陸」。

因此，拉姆迪雅就是指「充滿神光、富涵母性的美麗大地」的意思。拉姆迪雅和穆這兩個詞，在語源上有著相通之處。「穆」和拉姆迪雅中的「姆」，兩者皆代表著「母性」的意思。

拉姆迪雅存在著各種姿態的外星人

摩奴：當時，拉姆迪雅大陸住著如此巨人族及膚色不同的人種，以及一部分從現在的你們看來，不同於人種之姿的外星人。並且，還有著外形好似爬蟲類、兩棲類，或猛禽類的外星人。他們和普通動物的區別，就在於能夠聽懂人類語言、擁有高度的思維和情感。

如此擁有高度思想和情感的外星人，逐漸開始出現「想要寄宿於人種肉體」的念頭。於是，他們的靈魂轉移到人種體內後，其本來的肉體出現了退化，於是其他的低級靈魂轉而宿於該肉體內，從而衍生了各種動物。

此外，在我們的時代也已經有了各位現在所知的「人魚傳說」的始祖，即介於魚和人之間的生物。或者坦白地說，當時也早已有著類似於小型恐龍的物種。

並且，還有著日本的「河童傳說」當中，那般水陸兩棲的生物。即一邊棲息在水裡，一邊也能在陸地生活的生物。我不知道究竟要到何種程度才能稱之為人類，但拉姆迪雅文明的物種當中，的確有著許多這樣的生物。在數萬年以上的歲月中，有許多生物被漸漸淘汰了，而更適合於地上生活的物種得以殘存。那些缺乏適應性的物種，有的轉變為動物的姿態，有的就逐漸走向了滅絕。

因此，我認為不僅是在拉姆迪雅文明，直至後來的穆時代、亞特蘭提斯時代，就一直存在著有別於當今人類的人種。

還有其他的問題嗎？

F：謝謝。

拉姆迪雅文明的特徵和極限

F：方才您提到了外星人的話題，在前次的靈言中，您曾說過「拉姆迪雅是因為接受了外星人提供的科技，所以部族之間發生了戰爭，且最終透過地震武器，導致美麗的拉姆迪雅大陸沉沒了」。

摩奴：是。

F：那麼，請問拉姆迪雅文明的極限究竟在於何處？此外，我們又該從中記取什麼教訓呢？

摩奴：按照現代語來講，拉姆迪雅文明的極限，就在於「該文明的中心是透過佛教中所說的五官，即眼、耳、鼻、口及觸覺（皮膚）之感覺器官，體驗住在這星球上的喜悅」。

地球上既有著自古以來便居住於此的生物，也有著後來從其他星球移居而來的生物。而他們的共同點，就在於「在這個名為地球的星球環境下持有肉體，並透過開發如此感覺器官，體會持有肉體的喜悅」。

拉姆迪雅文明認為，這就是超越外形及人種的差異，從而將這些人融合為一體的方法。

當時存在著人魚型、爬蟲類型等各種不同形體的人類，所以倘若是單純地從外形上做比較，好比說「有著雙手、雙腳的人，和有著四隻手、四隻腳的人相比，究竟誰更美麗」的話，就會有著非常強的主觀性。

但拉姆迪雅文明卻並非如此，而是透過「從他們在世間創造出來的東西來比較，究竟哪個感覺更美麗、出色」的方式展開競爭，透過感性來追求進化。

然而，這種方式顯然存在缺點，因為拉姆迪雅文明把中心置於「持有適合地球的肉體，以便適應地球」，失去了使靈魂進化的「心的教義」。

並且從客觀上來看，從其他星球移居而來的生物，明明在來到地球之前的階段，就已經持有著高度發達的科技，然而在地球上尋求食物的生活中，那般的科學文明就逐漸退化了。

也就是說，自己本身明明也具有高度發達的科學文明，後來卻逐漸喪失了，因此，當新的種類的外星人帶著新科技來到地球時，竟然把他們當成神一般崇拜，進而時常受到他們的操縱、支配；其事實就是如此。從統合地球的大靈眼中看來，這無疑是一種靈魂的墮落。因此，才考慮到「拉姆迪雅文明的繼續存在已經沒什麼意義了，必須要重新創造新的文明」。

正如你方才所言，當時人們使用了各種武器，這也是事實。當地球的大靈看到人們大肆動武、近乎文明末期的景象後，便將大陸沉入了海中。換言之，「兩方面都存在著真理」。

想要透過「美的和諧教」達到的目標

F：方才您提到了「心的教義」，在前次的靈言中，摩奴您曾說過「自己降生於拉姆迪雅時代之時，依循著『美的和諧教』，或者說『金星之法』的內容，講述了愛和美的教義」。

此外，我們得知您曾指導人們「在藝術上展開競爭」。「使其展開競爭」和「和諧」這兩個教義，乍看之下似乎存在矛盾。請您詳細地賜教，您想透過這個「美的和諧教」，達到怎麼樣的目標呢？

摩奴：我所降生的時代，估計是距今二萬九千年或近三萬年以前。當時，拉姆迪雅已經有很悠久的歷史了，並且在各個時代，曾進行了各種文明實驗。其中，長久流傳下來的，主要還是大聖艾勒麻利雅的教義。

那是一種的盛典，藉由舉辦美的盛典、藝術的盛典，從而努力將各種不同的種族、民族「融合為一體」。除此之外，其他應該遵守的教義，或情感就很淡薄了。

我至少也繼承了艾勒麻利雅所創造的文化和傳統，並試圖以如此文化在藝術方面，表現出金星人種在很久以前所持有的「美、愛、和諧」等教義。

在現代人看來，拉姆迪雅人在感性上高度發達，其喜悅感是全然不同的。

譬如，今天早上不是下雨了嗎？並且是雨雪交加的寒冷天氣。然而，大川隆法總裁到達世田谷支部精舍之前，天便放晴了。雖然之前下了冷雨，但天空放晴後，陽光便普照下來了。如此一來，人們的心情也會由憂鬱轉變為開朗；拉姆迪雅人持有的就是這種感覺。

然而，你們可能無法想像好比說鮮花等植物，接受了雨的潤澤後所獲得的感覺。攝取水分後的喜悅，接受陽光照射的喜悅。這和你們感覺到的喜悅，有著很大的差別。

植物、還有你們動物……。很抱歉，失禮了。不過，你們會動所以就是動物吧！雖然我這樣說有些失禮，但正因為植物不能動，所以比起你們這些「非動物的動物」，更能感覺到這種自然的力量。

就像這樣，植物接受雨水、吸收水分時，會感到喜悅。此外，滲入土壤中的水分自然會被根部吸收，然後從葉子中蒸發出去。同時，接受陽光進行光合作用，並將二氧化碳轉化為養分，集聚在體內。在如此過程中，植物亦能感受到喜悅；它們可以品嘗到這種感覺。

因此，對於雨、風、日光等等，其實植物遠遠比你們具有更發達的敏感度和感性。換言之，植物能感覺到被你們忽略的東西。

不過，即便是人類，那些感性優越的人也依然保留著如此能力。譬如說，音樂家所聽到的聲音，和你們普通人能聽到的聲音是大不相同的。他們有著所謂的絕對音感，可以聽到普通人所聽不到的聲音。

此外，鼻子也是如此，有些人能聞到普通人所無法識別的氣味。雖然動物仍保留著如此能力，但是人類卻逐漸喪失了。藉由如此嗅覺，世界上曾有過和現今完全不同的時代。

現今，你們已經脫離了這種層次，感到知識更具有價值，從而建立了以頭腦為中心的文明。

這是以知性為中心的文明，你們創造了以知性為中心，而非以感性為中心的文明。現今也有一群藝術家得以倖存，他們想必還保留著拉姆迪雅時代的記憶。這些人正在美的方面展開競爭，或者是活躍於音樂等眾多的藝術領域中。

不過，他們已經不是當今時代的主力了。

F：謝謝。

三、女魔阿瑪利艾魯的真面目

F：我想向您詢問最後一個問題。

如今日本仍然存在著各種各樣的邪教，其中還有邪教冒用「金星之法」。之前，宙斯已教導我們「盧西弗的侄女，即名為阿瑪利艾魯的女惡魔，已經進入到某邪教的女靈媒體內」。（參照第一章）此外，之前您也說過「自己跟這個女靈媒沒有任何關係」。（參照第二章）

我知道惡魔很討厭被別人看破其真面目，如果您知道這個女惡魔的真面目和來歷，或者是「她的目的是什麼」、「她執著於什麼」、「她為何會墜入地獄」的話，希望您能有所賜教。

高橋信次只不過是幸福科學的開路之人

摩奴：那個女靈媒在進入幸福科學之前，曾有著另一種其他的信仰。我想那就是高橋信次的ＧＬＡ吧！

一九七六年高橋信次身故之後，ＧＬＡ曾發生了混亂，但因為高橋信次生前曾留下預言，即「五年後，將會有人來繼承我的法」，所以剩下的弟子們便開始在尋找繼承者。（參照《驅魔師入門》第二部第二章「與高橋信次靈的對話」〔日本幸福科學出版發行〕。）

一九八一年，如此預言很偶然地應驗，大川隆法總裁在毫不知情的情況下，於一九八一年獲得了靈性覺醒，並且開始降下靈言。

在某種意義上，高橋信次事先預知、預言了此事。高橋信次可能預料到了此事，但是將大川總裁當成自己的繼承者，這種說法存在著問題。

實際上，他應該說「五年後將會出現『偉大之光』，來遂行比我更偉大的工作」，然而，他卻沒有這樣說。他最後只是以小型團體的教祖身份告終，所以他應該要那麼說，但最後卻沒說。

因此，弟子們出現分裂，有人稱自己便是繼承者，也有人一直在等待新繼承人的出現。

一九八一年，在GLA當中也流傳著「今年似乎要發生重大事件。隱藏起來的版畫好像全部要現形了」。然而，那遂行更偉大工作之人並未出現在GLA當中，而是轉生於外，為此，他們感到十分困惑。

我想高橋信次應該算是幸福科學的開路之人。

當高橋信次身故之後，很多人離開了GLA，開始進出於各個宗教當中。有些人來到了創辦初期的幸福科學，那個女靈媒想必也身處其中。他們將大川隆法總裁捧為繼承者，想巧妙地利用大川總裁來校正高橋信次的錯誤之處、失敗之處及混亂之處，讓人們誤以為「這都是按照計畫進行的」。

可是，大川隆法總裁的使命遠比高橋信次更偉大。高橋信次的弟子們，原想讓大川總裁原封不動地繼承高橋信次的法，但是大川總裁的使命卻更為偉大，開始講述起「大如來之法」。於是，此處就出現了分歧。

將高橋信次的靈言集絕版的理由

摩奴：另外還有一點，雖然幸福科學初期曾出版過高橋信次的靈言，但高橋他自己似乎也曾預言過「自己的靈言能得以出版的期限，大概也就五年吧！五年過後，自己就會被捨棄」。他自己也很明白這一點，所以一直想儘快出版。

因此，在大川總裁開悟的初期階段，高橋信次曾傳來多次靈言，好讓大川總裁出版靈言集，從而大大地宣傳「高橋信次的復活」，並且，隱蔽自己生前的失敗，試圖向世人展示其成功的一面。當大川總裁對此有所察覺後，便停止了出版高橋信次的靈言集，並將其靈言絕版。

然而，有人認為幸福科學是「受到ＧＬＡ的抗議才停止出版的」，或是「被指為偽造教義後才停止出版的」。但其真正的理由在於「大川總裁的覺悟程度提高後，瞭解到高橋信次的諸多錯誤，所以感到如果不將之推翻，就無法繼續說法了」。

實際上，在《太陽之法》得以問世的階段，高橋信次的任務就已經終結了。在法的層次上，是無法相提並論的。

高橋信次生前講述的話語中，把自己說成彷彿是釋迦的轉世一般。但是就其教義本身而言，不過就是讀了兩三本佛教書之後寫出來的水平。實際上，那種水平根本是經不住專家批判的，但因為當時還伴隨著靈性現象，所以人們才會被矇騙了。

之後，他回到靈界，他便為自己無法修正教義的錯誤而感到痛苦，於是就想方設法透過幸福科學進行修正，他一直想要試圖使其教義合乎邏輯。然而，當大川總裁明確地察覺到他想利用幸福科學的意圖時，便與之訣別，並切斷了其靈言集。

不過，那些將大川隆法總裁視為高橋信次的繼承者而進行追隨的人，早在一九九四年切斷那些靈言集的時候，便以「不會降下靈言了」為由離開了幸福科學。

此外，在幸福科學的初期，曾有很多進出於各宗教的人們聚集而來。最初他們被任命為教團幹部，但是因為不久後不再任用，所以也增加了許多不滿情緒。

但這也是因為他們大多是仙人的思想，所以無法進行有組織的傳道活動。因此，在幸福科學轉變為組織傳道型的階段，那些各自為政而遂行活動的人，便無法適應教團的發展了。

綜上所述，我認為「從幸福科學分派出來的不滿分子，聚集到了那個團體，並且在那裡挑撥煽動」。

女惡魔阿瑪利艾魯的目的，是使教義出現混亂

摩奴：大川隆法總裁不是喪失了靈能力，相反地，他的靈能力獲得了更大的發展、變得更加強大。即便是不使用靈能力，其認識能力也已經能理解各種事情了。

但因為你們沒有對此很好地做出解釋，所以才會被他人惡意利用。

現在，那個女靈媒完全處於被惡靈附身的狀態。女惡魔阿瑪利艾魯進入了其體內，並且編造了許多謊言。此人是一九九四年離開幸福科學的吧？而且，她還曾確切地說過「自己是雅典娜的轉世」。

然而，雅典娜已經在一九九五年，已做為幸福科學大川家的第三個兒子轉生了。（參照第一章）她不知道雅典娜已做為男性降生的事實，所以才會把偉大的女性靈雅典娜說成是自己。簡而言之，她這麼做完全是出於對事實的無知。

此人一方面利用幸福科學的教義，一方面又試圖完全替換如此教義；率

直地說，其目的就在於想要使教義出現混亂。

在盧西弗派的女惡魔中，阿瑪利艾魯名列第三，不過她完全無力與幸福科學為敵。一旦真相大白、光明普照之時，她就必會像清晨的霜雪一般消失不見。

從根本上來說，她是對幸福科學當中心生迷惑之人說著：「你看大川總裁已經不能降下靈言了吧？那不是很奇怪嗎？」進而將此人拉走。但現在已經證明大川隆法總裁仍可以降下靈言，所以她最大的論據已經瓦解了。

反之，如果她很善於降下靈言的話，那麼請她也來收錄一下「松下幸之助的靈言」等等。她肯定是辦不到的，因為附身於她體內的是惡魔，所以是不可能做到的。即便是改變了說話方式，惡魔講述的內容也必定是只限定一種類型。她只不過是用了幸福科學講述的教義知識，而展開活動，因此當幸福科學開示了新的訊息，她就無法跟上腳步了。

F：謝謝。

接下來，請允許我們更換提問者。

摩奴：好。

四、《太陽之法》進行修訂的靈性意義

D：感謝您繼前天之後，再次以靈言的方式賜予我們尊貴的指導。今天也請您多多指教。

幸福科學正努力將您方才提到的聖典《太陽之法》弘揚至全世界。其實早在十幾年前，大川隆法總裁就對這本《太陽之法》，進行了大幅度的修訂，但是時至今日，仍有人執著於以前的版本。

在世間之人的眼中看來，《太陽之法》的修訂只是單純的改版而已，對此我感到很悲哀。

請問從天上界的角度來看，這本聖典的重新修訂具有何種靈性意義呢？能否賜教您的見解。

修訂《太陽之法》，去除高橋信次的謊言

摩奴：正如方才所述，那是為了處理高橋信次之靈的問題。高橋信次之靈編造謊言的部分已經非常明顯，所以大川總裁便重新修訂《太陽之法》，去除了其謊言部分。

歷史上，蘇美的確存在著一個名為「恩利勒」的人。這個名字和「愛爾蘭提」的發音有些相似，所以可能是獲得了來自恩利勒的靈感。於是，高橋信次便將恩利勒稱為「愛爾蘭提」進行傳佈，並講述「這即是萬物之主、宇宙之主」。（參照第一章）

然而，即便在高橋信次身故之時，ＧＬＡ這個團體的信眾人數，也只有兩、三萬人而已，但到目前實際只有不到一萬人。就像這樣，ＧＬＡ之

所以無法發展的原因，就在於其教義「沒有拯救人類的內容」，並且，其中參雜著謊言。

不過，譬如說「人類是很久以前，乘坐著飛碟大舉來到地球的」等等，其中也有些片段的內容是符合事實真相的。

破壞之神恩利勒是最高神阿努的次子

摩奴：恩利勒是古代蘇美，即現在的伊朗、伊拉克地區的神。

在蘇美文明中，有位名為阿努的天空神，而恩利勒正是其兒子。恩利勒也被稱為暴風神，實際上祂是破壞之神。在印度文化中，祂是相當於濕婆神的存在。

古代蘇美存在著天空神阿努、暴風神恩利勒，以及大氣神艾雅（Air）。雖然恩利勒和艾雅也屬於古蘇美的三大神，但祂們其實都是阿努的孩子。

阿努的長子是艾雅，別名亦稱為恩奇（Enki）；這個被稱為艾雅或恩奇的人，正是阿努的長子。恩利勒是艾雅的弟弟，但祂們是同父異母的兄弟。天空神阿努是古代巴比倫、蘇美的最高神。但是，自從阿努過世之後，恩利勒便開始自稱為最高神。

那時，蘇美發生了「諾亞洪水」。恩利勒聲稱「是自己引發了那場諾亞洪水」，並且揚言道「讓世人感到恐懼的破壞之神，方才是『最高神』」。就像這樣，祂讓人類感到恐懼。

那時想要努力拯救人類的人，即是恩奇，也就是艾雅。艾雅既是大氣神，也是水神。祂努力試圖拯救人類，可謂是救世主。

艾雅的父親阿努，也就是愛爾康大靈，艾雅曾說過「愛爾康大靈才是最高神」。但是，祂弟弟恩利勒卻稱「自己才是最高神」，所以就引發了戰爭。

中東諸神的真相

摩奴：在中東地區，人們將耶和華視為中心神、最高神。但實際上，耶和華的原型當中也混雜著古代蘇美的神話。

據說耶和華其實就是善神恩奇，即恩奇被稱為善神。

此外，人們認為「行惡之神，實際是恩利勒」。之所以這麼說，其理由是恩利勒原本是來自麥哲倫星雲的爬蟲類型外星人之一。從這個意義上來說，祂的思維方式具有著非常強的破壞力。

之後，恩利勒的哥哥艾雅（恩奇）的長子，則是以馬杜克（Marduk）之名降生；此人即為天空神阿努的孫子。

馬杜克也是救世主之一；這個名字是耶穌．基督前世的名字之一。馬杜克在伊朗、伊拉克地區，也是長期為人們所信仰。祂是愛神，之後馬杜克一直從事著該地區的重建工作。

就像這樣，古代的中東地區出現了很多神的名字。

因此，雖說高橋信次的本體是恩利勒，這是事實，但正如《太陽之法》中所述，「祂主要是指導著仙人、天狗界，以及魔法界」。也就是說，「祂現在仍然未進入中央的指導靈光線中」。不過，靈界裏側的影響力也十分強大，所以祂時常會展示其靈力、驚嚇人類。

D：在您方才的講話中，也有提到天空神阿努的存在。那麼，我們是否可以理解為：「在距今約五千年前，做為愛爾康大靈的分身，曾以阿努之名實際持有肉體呢？」

摩奴：雖然說是分靈，但實際有過阿努這個人。

D：謝謝。

摩奴：好。

五、有可能接收到行星意識的訊息嗎？

D：我想換個話題，您在前天的靈言當中，說自己做為大師瑪爾古利特降生世間之時，不是做為國王，而是做為僧院院長一般的宗教指導者，與諸神進行了交流。就此，我想詢問您有關「靈界通信」的問題。

摩奴：好。

D：在進行靈界通訊時，經常會伴隨著受到惡魔迷惑等危險。

摩奴：是。

D：現在，有些靈能型邪教宣稱「自己能降下如來、大如來的靈言」，甚至還有人聲稱「自己能接收到來自行星意識的訊息」。在進行這般靈界通訊之際，應該也是依循著「波長同通的法則」。所以我想向您請教，接收到高於自己靈格之存在的訊息，這在現實中是有可能的嗎？

摩奴：從你們的常識來思考也應該能明白吧！接收到行星意識的訊息，當然是不可能的。

因此，儘管在《舊約聖經》等書當中，寫了許多「天地創造之神」的話語，但從該神講述的內容來看，就能發現還是帶有人性的。

此外，就算是有人稱「伊斯蘭教的阿拉是唯一之神」，但從講述著如人類一般的話語來看，很明顯地那不是行星意識。

行星意識絕不是這樣的層次。

星球當中既包括還存在的星球，也有著已經死亡的星球；星球也是有壽命的。從這個意義上來說，星球也擁有生命，會做為嬰兒而誕生，並於死亡時形成黑洞，繼而消失不見；這即是星球的死亡。

不同的星球，其壽命也各不相同。有的是五十億年，也有的是一百億年。

做為孕育諸多生命群的母體星球，也就是生命體的部分，即可被稱為行星意識。如此意識會向某個個人傳送訊息，這種情況是非常罕見的。

以前，幸福科學僅有一次曾提過「十次元意識的聖安東尼厄斯，做為人降世了」。然而，因為後來發現到這種說法是錯誤的，所以從那之後就再也沒有提及此事。

在中世紀的修道士當中，就有一人是以安東尼厄斯之名降生的。此外，在古埃及的神官當中，也有人叫做安東尼厄斯。事實上，是此人降生了。祂雖然也是一位天使，但是處於七次元的層次。

那是偶然間混入幸福科學的教義當中，之後便抹消並再也沒有提及過。如此存在絕不可能是行星意識，或者說十次元存在。

六、摩奴在印度的使命

摩奴：還有其他問題嗎？

E：是的。

如此說來，在靈界通訊的問題上，我們是否可以認為「『波長同通的法則』這個大原則是不會改變的」呢？

「摩奴的教義」建立了印度宗教的基調

摩奴：在各種地方，都會出現很多自稱為最高神的人。不過，最終還要看此人「有多少信徒追隨，並能在歷史當中遺留多少內容」。

一般而言，如果是達到如來層次的人，其教義就會具備興起一定規模宗教的力量。另一方面，若能開創宗教的一派，好比說佛教的一派，那就屬於菩薩的工作。有很多位於上段階層的菩薩，但若能達到如來的層次，就可以興起新的宗教。不過，其規模還是有著一定的極限。

此外，如果是成為世界宗教，那就會具備更偉大的影響力。

譬如說，我現在以摩奴之名講述著話語，這是我降生於印度之時的名字。在印度的傳說中「摩奴是人類的始祖」，印度的傳說中，我是「最初的人類」。

就基督教而言，這就相當於亞當吧！

當時，人們認為「梵天是天神」，而我則被視為梵天的兒子之一。「梵天創造了天地。此後，祂生出的第一個兒子，就是人類的始祖，即摩奴」，這即是印度的傳說。

印度持續不斷地出現了各種宗教，但實際上，正是這個「摩奴的教義」，建立了印度宗教的基調。

後來，印度又出現了佛教，而佛教當中，也包含著我的教義。譬如，輪迴轉生的教義，最初也存在於「摩奴的教義」中。

此外，印度的種姓制度，雖然現在存在一些問題，但那也是以我提出了的四姓制度，或者說階級制度為雛形。當時為了穩定體制的秩序，由我提出了「僧侶階級是最偉大的，其次是王侯階級，再次是商人階級，最次是奴隸階級」的思想。

此外還有出家制度，「人生共有四個時期（四住期），最後是出家的時期（遊行期）」，這也是我摩奴所創建的思想模式。延續著如此觀點，後來才誕生了印度的吠陀思想，也就是古代的婆羅門思想。

與此相對，期間出現了佛教，雖然在佛教中，也有著和婆羅門思想相衝的觀點，但是當佛教開始壯大後，印度社會發生了捲土重來的現象。古代的婆羅門教被重新塑造成印度教，再次進行挑戰，如今廣布開來。

如今，印度人口約十二億人，其中信仰印度教的人就有九億人左右。在全世界當中，伊斯蘭教徒大約為十億人。雖然印度教現在還只是印度的宗教，並未成為世界宗教，但印度教仍然是「得到了九億人的支持」。

近年，我的分身做為甘地轉生於印度

摩奴：我所創建的階級制度，用日語來說，就是「姓氏」制度。介於如此種姓制度有可能會成為人種歧視的源頭，所以現在世界各國都在進行著「廢除這種做為民族對立之根源的人種歧視」的活動。

此外，全世界都在進行將政治體制變為民主主義體制的運動。就美國而言，那就是黑人的公民權利運動，但最後，馬丁·路德·金恩遭到了暗殺；我也曾經指導過像他一樣的黑人領導者。

近年，我促使蘇聯解體，分為以俄羅斯為首的各個共和國，並且正在推進民主化及宗教的復活，即俄羅斯東正教的復活。現在我也正在協助俄羅斯的民主化運動。

在此之後，我計畫將日本的文化和「新宗教」引入印度，從而興起對於印度教中陳舊內容的改革。

在印度教當中，也有著認為「佛陀是毗濕奴神的化身之一」的思想，所以說存在著接受日本新宗教的基礎。我正在考慮「今後在印度傳佈如此新的教義，進而興起打破印度社會的貧窮和階級制度的運動」。

因此，我眼前的中心課題就是，打破人種之間的抗爭及階級制度，確立民主主義的政治制度，或者說向帝國主義的統治發起抵抗運動等。

近年，我的分身曾做為甘地降生在印度，即被稱為「印度獨立之父」的甘地；甘地讓被英國統治了長達一百數十年的印度獲得了獨立。當時，甘地是透過發動不服從運動，也就是以印度式的思想和方法贏得了獨立；甘地是我的靈魂兄弟。

D：謝謝。

七、給幸福科學信徒的訊息

D：最後我還想請您賜教一點。

幾天前，您對於「愛爾康大靈是怎樣的存在」這個問題，回答道：「即便是九次元大靈的我，也不清楚愛爾康大靈的全貌。」

摩奴：是。

D：在如此偉大的主愛爾康大靈的信仰下，我們想要將法傳佈到全世界。那麼，對於我們幸福科學的信徒，能否請您賜予建議或訊息。

摩奴：我認為現今真的是非常困難的時代。雖然以蘇聯和美國為中心的東西冷戰已經結束，暫時迴避了危機，但目前核武數量眾多，有些地方仍然存在爆發戰爭的可能性。

最近，又出現了北韓和伊朗問題。不過，伊朗倒是主動提出了「日本應該好好地履行自己的使命」的意見。當伊朗公開其核設施的時候，排除了美國和歐洲的媒體，只邀請了日本媒體。並且，對日本媒體講道：「請你們看看，我們的核設施正被和平利用著。我希望透過日本的力量，向全世界傳達這個消息。日本人現在仍未理解自己所擁有的力量，請日本好好地完成自己的使命。做為世界第二的經濟強國，日本必須完成自己的使命，這一刻已經到來了。如果日本不能完成其使命，那麼爆發戰爭的時代將會再次來臨。」

透過上述的言論，伊朗對日本寄予了很大的期待，但不同膚色的人種之間，彼此仍存在著文明對立。

白人優勢的思想已經持續了數百年。因為日本被歸類為有色人種，所以我認為亞洲和非洲各國對日本有著更強烈的親切感。

從這個意義上來看，我認為「日本必須完成自己的使命」。愛爾康大靈降生的意義，想必也是超越民族間的對立，進一步講述「未來之法」吧！

現在所面臨的危險，具體而言，就是基督教文明圈和伊斯蘭教文明圈之間的激烈衝突和戰爭，最可怕的是發生毀滅性的終極戰爭。

雖然伊斯蘭教國家擁有十億左右的人口，但大多是貧窮落後的地區。我們現在的目標，即是促進其發展，為此，我們也準備推進其民主化。但是，我們想避免因宗教不同而引發的戰爭。因此，希望能借助愛爾康大靈的力量，從而跨越基督教文明和伊斯蘭教文明的對立。

在此之後，還希望你們能開拓未來社會。

如今有很多外星人來到了地球上，但希望你們能為後人留下「和宇宙的交流過程中，地球所具備的應有之姿、應有的教義，以及留給未來的遺產」。

從這個意義上來說，你們的傳道工作還遠遠做得不夠。現在仍被那般弱小的教團和邪教扯著後腿，僅是這種程度，還根本稱不上是在「遂行著使命」。

總之，你們必須儘早步入通往世界宗教之路。

D：非常感謝您，今天降臨至幸福科學，並賜予眾多尊貴的教義。

摩奴：好。

八、「靈言現象」的原理

我可以在清醒的狀態下，像「同步口譯」那般收錄靈言

大川隆法：以上即是靈言。

一般人通常都是在自己喪失意識的狀態下，好比躺在床上，實施前世催眠之後，使用錄音機錄下來，進而收錄靈言。

靈媒大致上都是採取如此方式，但我的不同之處，就在於我可以在短時間內進行切換。

愛德加・凱西（Edgar Cayce）被稱為「沉睡的預言者」。他們所採取的方式，即是「在自己沉睡的時候，講述出許多自己不知道的事」。此人明明是沒有受過什麼教育的攝影師，但是在沉睡的時候，卻能講出很多事情，他自己也感到很驚訝。

再譬如，此人明明是負責星期天在教堂工作的基督教牧師，但在沉睡的時候，卻教授了與基督教的教義相反的內容。比如，講述了轉生輪迴的思想，或者講述了很多關於「有著亞特蘭提斯的轉生」等內容。因此，愛德加．凱西感到十分驚訝，並且說過「自己最初以為這是惡魔的教義」。

這就是一般的失神狀態，或者說靈媒降靈的實際狀態。但是就像剛才所展示的一樣，我可以在清醒的狀態下，就像進行「同步口譯」那樣收錄靈言。我還可以在靈人講話的時候，進行插話，並且和靈人進行問答。

其原因就在於靈能力的不同；因為沒有任何靈人有足夠的力量，可以完全支配我本身具有的靈性能量。他們只能支配我的部分靈性能量，所以才會出現這樣的情況；這就是「靈言現象」。

最近，我一直沒有收錄靈言，但不過就像方才的內容，靈人有時也會講述新的內容，所以的確有著持續收錄靈言的需要。

在演講或說法中，一邊整理內容一邊講述「靈言」

大川隆法：（對聽眾）各位有何感想呢？我並未打算今後一直在各支部巡迴收錄靈言，此次只是一種嘗試而已。

各位也許會覺得「比起如此靈言，還是放出惡靈，讓他們爬到地上、胡鬧一通，肯定會來得更有趣」。但如此一來，今後將靈言編輯成冊的話，各位讀起來就會很費勁。

但實際上，各位平時就是在聆聽靈言。因為我的演講和說法，幾乎都是在講述靈言。只不過，我每次都會將靈言整理成「可以透過大川隆法之名進行發表」的內容而已。因此，我都是瞬間地講述靈言。

但我每次進行說法時，皆是在「和愛爾康大靈的意識完全融合」的狀態下，講述著靈言。對此，請各位務必有正確的理解。譬如，當耶穌進入我體內的時候，想必各位也會感覺到有些不一樣吧！

（對聽眾）希望以上內容能成為參考。

總之，請不要去到奇怪的邪教啊！當「本家」還存在的時候，是不允許有分派活動的。當第一代還健在時，是絕不容許那種事情的發生，所以請務必要杜絕。

第一部 後 記

本書透過希臘神話中被稱為全智全能的宙斯神，以及印度被稱為人類始祖的神人摩奴的靈言，講述了雷姆利亞（拉姆迪雅）文明。

我以前僅在《太陽之法》中，介紹過祂們曾活躍於那個文明，但本書對這個事實做了進一步詳細的探究，因而更接近於真相。

雖然雷姆利亞文明有時會被混同於穆文明，但二者是截然不同的。或許也有人會將本書做為現代神話進行閱讀。這個夏天，若能透過本書讓己心在神秘的世界中飛翔，也沒有什麼不好。

幸福科學集團創始人兼總裁　大川隆法

第二部

亞特蘭提斯滅亡的真相

第二部 前言

現代仍然有很多人相信，夢幻般的亞特蘭提斯文明實際存在過。尤其是在二十世紀前期，活躍於美國的超能力者——愛德加．凱西，透過大量的生命解讀（前世解讀），發現過去的亞特蘭提斯人，大量地轉生到現代文明，之後愛德加．凱西的追隨者，成為亞特蘭提斯熱潮的中心。

做為古代文獻，二千四百年前，希臘的哲學家柏拉圖到埃及遊學時，從埃及的神官那裡聽說「九千年前，地中海的直布羅陀海峽的外海，有個名為亞特蘭提斯的大陸，但是因為惹怒了神，一夜之間沉入海底」，這個傳說是現存最古老的記錄。

繼愛德加·凱西身故之後，本書試著挑戰「解讀」一萬多年前的文明，相信有許多人會滿懷興趣，深入閱讀此書。

幸福科學集團創始人兼總裁　大川隆法

第二部 第一章 大導師托斯與亞特蘭提斯的全盛時期

（二〇一〇年三月十八日 托斯的靈示）

托斯（Thoth）（約一萬二千年前）

托斯是創建亞特蘭提斯文明全盛時期的大導師，是集宗教家、政治家、哲學家、科學家、藝術家於一身的超級天才，被稱為「全智全能的主」。祂是地球神愛爾康大靈的分身（九次元存在），在古埃及，做為托特神為世人所知。

（參照《太陽之法》、《神秘之法》〔中文版均由台灣華滋出版社發行〕）

（三位提問者分別以A、B、C表示）

一、關於大導師托斯的天才樣貌

大川隆法：托斯的名字在本會很有名，但關於祂的詳細介紹還不夠充分。所以，今天我想收錄托斯的靈言。我可以單方面地講述，但若是以問答形式來進行的話，我想會更有利於人們理解，所以我將以對話的形式講述靈言。

（面對提問者）那我就開始了。

（約十五秒鐘的沉默）

大導師托斯，大導師托斯，全智全能的主——托斯，亞特蘭提斯的托斯……

（大約十五秒鐘的沉默）

托斯：我是托斯。

A：大導師托斯，感謝您賜給我們此次尊貴的機會。我是第一編輯局的○○。

大約一萬二千年前，大導師托斯現身於亞特蘭提斯大陸，亞特蘭提斯文明走向了全盛期。例如，《太陽之法》中記載「托斯是集宗教家、政治家、哲學家、科學家和藝術家等於一身的超級天才，在當時被稱為『全智全能的主』」。

但是，在現代文明中，由於各專業不斷分工，學問也逐漸分散為諸多不同的領域，所以我們很難具體想像出大導師托斯的天才樣貌。

在義大利文藝復興時期，李奧納多．達文西亦被稱為「全能的天才」，但我們推測您的水準絕對還要更高。

大導師托斯到底是怎麼樣的天才呢？另外，被稱為天才的背景、根源中，是否包括像現在的大川隆法總裁一樣，能與各種各樣的高級諸靈進行交流呢？

關於大導師托斯的天才樣貌，希望請您賜教。

我將亞特蘭提斯文明的進化，向前推進了數百年

托斯：嗯，關於這些內容，或許不應該由我自己講述。所謂「天才」是別人那樣稱呼，我自己不應該稱自己為天才。如果硬要說的話，我感覺我將亞特蘭提斯的進化，向前推進了數百年的時間。也就是說，我創建了諸多「制度」。

現在世間存在各種制度，人們認為那是理所當然的事，但一般來說，並非如此。

比如，教育是制度的一種；建立學校，教育人們是一種體系。

此外，科學也是一種制度。我創造了科學方法，也對當時的都市建設、城鎮建設給予了諸多指導。其他的例子還包括，我創造出了飛行原理、潛水原理等等。

並且，我還重整了當時亞特蘭提斯的語言，另外，你們最近也經常與外星人進行交流，在當時我也進行了許多指導。

在宗教中，一般是以「心的教義」為中心，但我不只講述了心的教義，還以眼所可見的形式，加快了世間的文明速度。

現在，從二十世紀到二十一世紀，文明程度高度發達，已經開始步入宇宙時代，而當時的亞特蘭提斯，在某種意義上，也著手進入宇宙時代的發展。

各位也已經聽說了，現在有各種各樣的外星人飛來地球，在當時外星人也來到了地球。也就是說，我肩負的使命是「將文明提升到可以與外星人進行交流的水準」。

我也有著強大的超能力的一面

托斯：另一方面，我也有著超能力的一面。外星人基本上都是用心電感應進行交談，所以在某種意義上，外星人都具有超能力。

所以，不能在內心進行對話是不行的，而我能做到這一點，我想這在當時發揮了很大的作用。也就是說，與外星人進行對話的原理，和與天上界的高級靈或神明等等進行對話的原理是相同的。

在一般情況下，外星人如果不通過高次元空間，就無法來到地球，所以他們擁有著能移動至高次元存在的移動系統。他們擁有著那種次元變換的裝置，這也就意味著他們在靈魂的層次上，能進行那樣的次元變換。

各位在世間透過佛教式的修行，能達到具備神通力的境界，而他們所具備的就是相當於那神通力的「外星人的超能力」；能與此對抗的地球人為數不多。

所以，首先心電感應的能力非常重要，如果不具備這一點就無法進行對話。那是一種「雖然不能聽到實際的聲音，但是彼此可以聽到對方內心的聲音，進行對話，彼此可以讀懂對方的內心」的狀態。

做不到這一點是不行的，另外如果這種能力增強，就會超越單純的「能夠在內心聽到聲音，進而進行對話」的如此水準。雖然是取決於彼此的力量大小，如果自己一方的力量強大，就可以控制對方的意識。大多數情況都是，地球人的意識被擁有強大力量的外星人控制，但偶爾也有擁有強大力量的地球人。

此時，若是外星人想控制此人的意識，外星人反倒會被制伏。前幾天就發生過如此情況，外星人反而被地球人解讀了過去世（靈查）。〔注1〕

雖然如此心電感應的能力很重要的，但是另外一點，即超自然能力也是必須的。若是用宗教的語言來講，可能聽起來會感到有些陳舊，例如「緊箍咒」，這是一種透過念力讓對方無法動彈的靈術。

對此或許你沒有實際見識過，比如，歹徒突然來襲的時候，大川隆法劃出「九字」之後，來襲的歹徒便陷入無法動彈的狀態。

就像這樣，透過念力能將對方束縛起來，使對方無法動彈。外星人也經常使用如此手段，實行如此手段時，地球人便會陷入無法抵抗的狀態。

另一點就是透視能力；除了能看見眼前之物外，還能透視遠方另一地事物的能力。如果具有這種能力，就能透視地球另一面的事物。如果透視能力更高，那麼不僅是地球的另一面，還可以透視到遙遠的星球，也就是說那些距離地球幾光年、幾十光年、幾百光年的星球。

此外，進行透視的時候，還可以同時穿越時空，比如看到某個外星人之後，還可以透視到這個外星人是從哪裡來，當時是過著怎樣的生活等等。

另外還有一種能力；睡眠的時候，當然能進行體外脫離在空中飛行，但即便不處於睡眠狀態，例如處於瞑想狀態的時候，自己靈魂的一部分也能飛到異次元空間，前往距離此世非常遙遠的宇宙空間，然後再返回。

如果具備如此能力，就可以實際前去體驗。

亞特蘭提斯融合了宇宙文明

托斯：此外，我身為宗教指導者，對於決定文明的方向性，並且引導人們走向那般方向的力量，如此綜合性的力量非常強大。

當時的亞特蘭提斯是否是處於全盛期，我不好斷言，但至少當時的現代化程度已經達到一定的高度。也因為水準提高，所以當時也有很多來自宇宙的訪問者。

各位應該學習過，當時的亞特蘭提斯存在著潛水艇原理和飛行船原理，但實際上其技術遠超過各位所認識到的。雖說如此，但這一點很難被現代人相信，所以至今並未以文字發表。

當時的亞特蘭提斯人已經與外星人合作，一同開發前往宇宙的系統；對此現代人應該很難相信吧！「生活在一萬年前的人們，已經達到了現代人類今後想要的水準」，這的確是讓現代人難以置信。

此外，當時原子彈和氫彈的原理也已經存在了，爆發戰爭的時候，發生了小城市被消滅的現象。

當時亞特蘭提斯大陸的週邊也存在著其他國家，各個大陸中也存在著不同的民族，現實中有時候也會發生侵略戰爭等，所以用兵器防衛是存在的。

直接了當地說，那種武器和將物質轉化為能量的裝置，其關係極為密切，與現在的原子彈和氫彈不同。當物質轉換成其他物質的過程中會產生巨大的能量，當時的武器所利用的就是這種能量。這種武器具備了能摧毀對方國家的小城市或一座島嶼的力量。

另外，當然也存在空中攻擊的作戰方法。

幸福科學曾經講過「亞特蘭提斯出現了飛船及像逆戟鯨一樣的潛水艇」，但是實際上不只如此，還擁有比這更先進的東西。在某種意義上，那是一種近似與宇宙文明融合的東西。

亞特蘭提斯所發明的各種「潔淨能源」

托斯：此外，雖然並不是亞特蘭提斯的專有之物，但當時的亞特蘭提斯也存在著金字塔能量。各位現代人尚未真正領悟到金字塔能量的真正價值，但金字塔能量確實存在。

現代人也必須開發金字塔能量，金字塔能量的本質，實際上就是聚集宇宙能量的力量。

按照現代人的理解能力，會認為那是不可能的事，但實際上金字塔能量確實在發揮著作用。如果不對此認真研究、進行實驗，就不會明白。

此外，當時對於飛碟的原理，也就是反重力裝置等，也進行了研究開發。簡而言之，那就是「磁鐵相斥的原理」；這與現在正在研發中的磁浮列車是同一原理。

與其說磁浮列車是奔馳在軌道之上，不如說是懸浮於軌道之上。因磁鐵相斥的關係，而使列車懸浮於空中，像飛得一樣前進；這種磁鐵相斥的原理、反重力原理，當時已經被發明出來。

除此之外，就像現代失去了金字塔能量一樣，生命能量的轉換在現代也尚未被充分利用。

從宇宙來到地球的時候，什麼是最不可思議呢？那就是植物的種子會生長、開花、長成大樹，或者稻穀生長成為穀物。

依循各個植物生長目的之不同，有些會開花，或者變成小麥，或者變成米粒。讓植物生長、變化、達成目的那股能量，實在是非常不可思議。

當時就是成功地將這種「變化生長的能量」，做為一種動力源提取出來。可能各位眼中只見到「只要存在土和水，植物就會自然地長大」，但當時人們判斷「實際上植物的生長是由於化學能量在發揮作用」。

在某種意義上，人類的肉體是「由蛋白質組成的不可思議的機器人」，植物也存在「由纖維質組成的不可思議的機器人」或「擁有生命的機器人」的一面；當時成功提取了植物的生長能量。

就像這樣，當時在亞特蘭提斯可以從諸多物質當中提取能量，現在全世界都在進行「綠色能源」、「潔淨能源」的研究，這方面的研究在亞特蘭提斯非常先進。

現代也有比亞特蘭提斯時代先進的事物，所以從時代的角度而言，我覺得現代與當時十分相似。

當時地域之間的文明水準存在著很大差異

托斯：這數千年有殘留著文明歷史，但在那之前的時代，各位當中有很多人可能會認為「若是在日本那就是彌生時代、繩文時代、石器時代，再往前就是與動物沒有區別的時代」。

但是，即便是在現代，縱觀世界，在某些地區人們還是過著與動物沒有兩樣的生活，另一方面，也存在將火箭送入宇宙的美國太空總署等地方。就如同現代，在以往的時代中，地域之間的發展水準也存在很大差異。

此外，還有一種能力尚未被現代人理解，在我們的時代，我們擁有著能與海豚對話的能力。

在現代，海豚被視為智商非常高的動物，然而現代人尚未達到與海豚對話的程度。在當時，曾發明出一種可以將海豚語言翻譯成人類語言、將人類語言翻譯成海豚語言的翻譯裝置，並且人們知道海豚實際上不是地球生物。

牠們原本是來自宇宙的生物，與在地球上出生的生物不同。牠們來自地球之外的某個行星，來到地球之後變為海豚的模樣居住在地球上，這是我們研究得出的結論。

就像這樣，我們透過轉換海豚的語言，實現了彼此的意識溝通，還有很多這種不可思議的事情。

A：謝謝。

〔注1〕本靈言收錄兩天前，對持有外星人靈魂的幸福科學職員，進行了外星人靈魂記憶的解讀。

二、「全智全能的主」的真正意義

A：前幾天（二〇一〇年三月二日），大川隆法總裁對九次元大靈彌勒如來進行招靈，與本次相同，我們有幸能向彌勒如來提問。

那時，彌勒如來表示「近年，自己轉世為神智學的始祖布拉瓦茨基夫人（Helena Petrovna Blavatsky）」，並且說「關於那般神秘的知識，其實自己是接受了托斯神的指導」。

就像這樣，托斯神您歸天之後，在西洋文明等文明中，對於神秘主義是否進行過指導呢？

橫跨世間與靈界的「兩義性」是愛爾康大靈的特徵

托斯：嗯。不僅是我，托斯、奧菲爾利斯、海爾梅斯等都是與神秘思想有關的人物。如果沒有神秘思想，宗教就會很膚淺。所以，在擁有世間原理的同時，還擁有非世間的、神秘的領域。

擁有這方面的秘義是愛爾康大靈系的特徵，也就是說兼具顯教和密教兩方面的特徵。愛爾康大靈不僅具備靈性能力，同時也關心世間的學問、政治、經濟、科學等，擁有著促進世間進化的力量，也就是擁有這兩方面的不可思議的存在，是包含了兩義性的存在。

雖說是「不可思議的兩義性」，但橫跨此世和靈界兩個世界，這與被稱為「全智全能」有關。

現代人尚未理解「心的力量」

A：據說當時托斯神特別是以世間的「愛的教義」和「宇宙的構造論」，也就是以知性的部分為中心講述教義，另一方面，托斯神也講述了：「如果能夠開發人的能力，人就可以無限向上、無限進化。」諸如此自我實現的教義；關於自我實現的「人的進化」之教義，究竟是什麼樣的內容呢？

托斯：現代的問題之一，就是人們傾向於否定靈魂的存在，將一切現象都歸因於腦和神經的作用。對於醫學的進步，雖然能給予好評，但人們將人類的肉體視為零件一樣，沒有解釋清楚心的存在，亦完全沒有解釋清楚位於內心深處的靈魂之存在。

比如，精神科將那些看見靈、聽到靈的聲音之人，全部視為精神異常。認為「此人大腦的某部分被破壞了，或者是神經受損了」，進而只能給予鎮靜劑進行隔離；這就是現狀。

雖然患者的確看到了靈性的事物，但是由於醫生沒有解決之道，所以便將所有原因歸結為「腦或神經遭到了破壞」。

在這層意義上來說，從我們的角度看來，雖然現代在某些方面進化了，但是在其他方面十分落後。

總而言之，現代醫學完全沒有理解「心的力量」。人的心可以使身體發生變化，有時會一瞬間發生奇蹟，治癒各種疾病，但現代醫學完全沒有理解這一點。

除了醫學，在其他的領域，比如在工作方面，也存在這種情況。人與人進行交涉的時候，實際上各自的守護靈也都會進行援助。與他人對話交談時不經意想起的內容，很多都是因為得到了靈感，而那靈感大多都是源於守護靈的力量。

交涉中有勝有負，然而實際上很多時候，彼此的守護靈也在背後進行交涉。

那麼，要如何提高守護靈的力量呢？的確，守護靈本身的精進也很重要，但世間之人如果增強意志力、增強念力，或者增強「心的力量」，與此連動，守護靈的力量也會增強。

這也就是說，在心中構想未來的力量變得強大，那麼守護靈也會一同配合、開始工作。

「心中描繪的事物會逐漸實現」此為法則

托斯：就像這樣，如果世間之人積極提高自己的意志力，也是會影響其他的靈性存在的。首先，以自己的守護靈為出發點，影響對方的守護靈，之後再影響其他各種靈性存在。此外，還可以直接進入對方心的領域，給予影響；這些都是可以做到的。

對此能夠運用自如的時候，比如，在陰陽道中，「陰陽師使用『式神』，做了許多事情」，自己的狀態就會變得與此相似。也就是說，自己能明確地運用靈性存在，開展諸多活動。

所謂的「心的力量」，簡而言之，就是可以運用靈界中的諸多存在。那會成為在交涉中獲勝，或使某事在未來得以實現的力量。

實際上，在靈界，心中所描繪的事物會如實實現。在世間雖然實現的速度緩慢，需要諸多努力，但是「心中強烈持續思索的事物逐漸會現實化」的法則是相同的。在世間，雖然是緩慢地實現，但最終都將會朝著心中描繪的藍圖發展，所以需要磨練描繪的力量，使其成為自己的實力。在這一點上，現代人的能力還不及當時的十分之一，現代人必須更加瞭解真相才行。

增強「信仰的力量」，努力不吸入破壞性意念

托斯：在現代，否定信仰的勢力十分強大，由於「不相信的力量」強大，所以很多事情尚未在現實中發生，但是，一旦「信仰的力量」逐漸變得強大，那些被認為是世間的法則，就會發生扭轉。

那些人們認為「絕對不會發生」的事情，雖然那些事情很難發生，但一旦人們開始期待「一定會發生」，那麼在現實中就一定會發生。

特別需要注意的是，在現代社會中，在人們共同心理的作用下，經常會引發惡性之事發生；這種危險性非常高。例如，人們如果強烈想像「地震要來了」、「海嘯要來了」、「世界末日要來了」等，就會將這些事情吸

引過來，對此必須注意。

另外，「破壞性意念」在地球上不斷積蓄。這就像是積蓄在地球上的「集合性的業」，是自己在勒緊自己的脖子，一旦在現實中開始吸入這種破壞性意念，如果滲入到政治體系、經濟體系、科學體系等諸多方面，未來就有可能向著黑暗的方向發展。

A：謝謝！我們明白大導師托斯具備著「橫跨世間和靈界的兩義性」，在此意義上是「全智全能」。

請允許我們更換提問者。

托斯：好。

三、托斯神在靈界的工作

B：大導師托斯，由衷地感謝您今天的降臨。我叫〇〇，來自媒體文化事業局、儀典藝術局。請多關照。想請教目前托斯神在九次元世界擔任什麼樣的工作呢？望請能在方便透露的範圍內賜教。

以美國為中心發起了新時代運動

托斯：幸福科學也常常運用我的力量，所以對各位來說我並不是遙遠的存在。現在關於幸福科學學園的工作逐漸增加，雖然不知道為什麼會選中我，但學園正在運用我的力量。各位好像認為「托斯神是學問之神」，進而大幅度地運用我的力量。現今我正對於學校的建設進行援助，希望能成為支援幸福科學學園以及幸福科學大學的靈性之光。

在幸福科學中，平時都是以佛陀和海爾梅斯為中心開展著工作，我們的工作並不那麼多。

現在，我主要是以北美為中心，進行各種靈性指導。雖說是北美，但主要是以美國為中心。由於美國現在是文明的最尖端，所以為了提高美國的進化速度，現今我主要的工作是給予靈性的影響。

在美國的許多地方，興起了通靈等等的新時代運動（New Age Movement）。雖說是「新時代」，但現在已經進入二十一世紀了，也許不能說是新時代了，我在背後對於新時代運動大量進行了指導。為了像雨後春筍般建立許多的團體，進行了靈性指導。

特別是，就像現在你們所做的一樣，也就是與靈界、宇宙進行通訊，我與這些事宜有著很深的關係。

對於那些與靈性文明的進化，以及與科學文明有關的地方，我進行了眾多指導。

此外，美國不同於日本，美國與外星人的交涉、交流，比日本先進五十年以上，對此我也在默默地進行關注。

美國接受來自外星人的技術供給

B：據說美國在宇宙技術開發方面，接受了來自外星人的協助，托斯神對此是如何看待的呢？

托斯：現實中，美國不是已經進入了宇宙，開展各種宇宙活動了嗎？所以，我認為必須要學習更多必要知識，但同時也應該盡可能做好保密工作。

雖然各位常常聽到外星人會綁架地球人，然後抹去地球人被綁架期間的記憶，再讓他們回到原本的地方，營造看似睡眠障礙的假象，但是那不僅是外星人的行為，地球人也在對此進行協助。

各位可能有看過電影「MIB星際戰警」（Men in Black），像電影所描述的那樣，某個部門會協助抹去那些與外星人接觸或看見幽浮之人的記憶。

實際上，就像那部電影一樣，全身黑衣、帶著黑色墨鏡的男人們確實存在。他們會對電視台、警察局或者空軍等等目擊外星人的情報進行竊聽，一旦竊聽到相關資訊就會馬上行動，抹去他們的記憶。

也就是說，與外星人相關的資訊是機密事項，他們努力防止這些資訊洩漏出去。他們這麼做的原因，其一當然是因為不能讓國民陷入恐慌。

對此，他們採取的方法是逐步按階段讓人們接受這些事實，等到大家都放心了、能夠充分應對的時候，才將事實明確地公佈。

其二，由於現實中美國確實接受來自外星人的技術，一旦此事暴露，美國就會失去其軍事優勢，所以他們要保守這項機密。

在美國軍方的部分單位，外星人光明正大的與其接觸並提供技術指導，做為回報，外星人也從地球人那裡獲得各種方便。事實上，美國的軍事技術比其他國家先進五十年。

現在美國最關心的就是可從宇宙展開攻擊的武器，或者說是宇宙的攻擊武器。

美國的思維已經超越了地球上國家之間的戰爭，而是更高層次上的戰爭。「星戰計畫」（Star Wars），也就是從宇宙攻擊地球上其他國家的研究已經結束，但宇宙中存在著各種外星人，萬一擁有高度科學技術的外星人侵略地球時，應該如何進行防衛呢？美國現在正在對此進行戰略研究。在這方面，美國正接受一部分友好的外星人的技術協助。

由於無法與所有的外星人進行同樣的交流，所以與一部分友好的外星人進行交流。這就像過去的日本，只和荷蘭於長崎出島進行交流一樣；如此情形在現實中確實存在。

並且，那些和宇宙交流有所相關的人，若是有人欲將秘密公開給媒體，即會接連地秘密死亡。

B：非常感謝您講述了這些最高機密。

四、從文化藝術方面觀察亞特蘭提斯文明

B：托斯神創造了亞特蘭提斯文明的最繁盛時期，在文化藝術方面，有哪些文明開花結果了呢？

托斯：文化藝術方面嗎？你是指和你的工作有所關連的事物嗎？

B：是的。

利用使物體懸浮於空中這項技術而建造的高層建築

托斯：與現代相比，當時的建築物與現在大不相同。

在現代，建造建築物的時候，會使用堆高機、吊車等輔助工具將重的建材運至高處。

也就是說，在建造高層建築的時候，以「建造一層之後，就將吊車運至更高的樓層」的方式，逐漸向上建造，最後將吊車解體運至地面。

現代高樓的建造採用的是這種作法，在我們看來感覺非常不可思議，覺得現代人竟然使用這麼複雜的方法。

當時我們擁有使物體懸浮於空中的技術，我們開發了消除重力、消除物體重量的方法，所以可以輕而易舉地舉起重物。

其原理與我剛剛講述的磁浮列車的原理相同，透過反作用力，使物體懸浮在空中。無論是多麼沉重的物體，我們都可以將它從地上懸浮到空中，或者是從某物之上懸浮於空中；我們當時擁有這項技術。

這是現代文明中的某項技術的延伸技術，並不是那麼複雜。磁浮列車是懸浮到十公分左右的高度，但在當時的亞特蘭提斯，我們可以使物體懸浮到更高的高度；當時有著如此科學技術。

如果現今某項電子的研究有所進展，那麼就能運用這項技術。當時的人們利用那反作用力，可以將各種各樣的重物提到高處，所以建築工作相當輕鬆。

因此，在金字塔等的建設中，我們也廣泛使用這種原理。即便是重達幾十噸的石頭，我們也可以讓它懸浮到空中。雖然在那個時代我們擁有這項技術，但是在後世，這項技術卻逐漸失傳了。

但我認為在不久的將來，這項技術將會被開發出來吧！人們已經逐漸有所認識，所以我想再過不久便可以實現。

在這層意義上，當時建造建築物的時候，我們擁有很大的自由性。我們的建築物不是像現在這樣的鋼筋水泥大樓，我們可以使用多種建築材料。既有石材，又有複合金屬材料，或者是像玻璃一樣的水晶材料，當時有各種各樣的建材。

透過組合各種材料，進行立體設計，之後依據其設計，移動物體進行組建。總而言之，我們的建築方式像拼布藝術一樣，將已經存在的零件進行組合。

在此意義上，與現代所使用的建築方法不同。特別是摩天大樓，當時興建了相當高的摩天大樓。就像「巴別塔」所象徵的那樣，有非常高的塔。非常不可思議，當時存在著那般形狀，高達一千公尺的建築物。

埃及的金字塔在技術上退化了

Ｂ：埃及現在仍存在金字塔，那是使用了來自亞特蘭提斯的建築技術建造的嗎？

托斯：那已經是相當退化了。

但是，那些金字塔的建造年代，比現在的推測還要久遠，可能超過一萬年。由於那時距離亞特蘭提斯的末期並不久遠，所以在某種程度上，應該還有一小部分的人們擁有這些技術。

但是，使物體懸浮在空中的原理已經失傳，隨著時代變遷，其技術逐漸退化為「使用工人，切割石頭，並將之堆積起來」的程度。

所以，埃及的建築技術不是進化，而是退化。

具體地傳遞那項技術的人，應該是阿伽沙的兒子阿蒙。（參照《大川隆法靈言全集 第6卷》〔宗教法人幸福科學發行〕）

阿蒙等人從亞特蘭提斯逃到埃及，成為阿蒙信仰、阿蒙拉信仰的起源

（「拉」的意思是王），阿蒙等人當時擁有一部分那種飛行船技術和建造技術。

審美標準與現代稍有不同

托斯：與現代相比，當時的審美觀特別喜歡對稱性、對稱的圖案。也就是說，人們不喜歡雜亂無章的感覺，相對來說比較喜歡幾何學的圖案。

此外，雖然與文化藝術沒有什麼關係，但當時在肉體修復方面的技術也非常發達。因疾病或事故而受傷，肉體的一部分發生損傷時，有技術可以使受損的肉體恢復如初。

現在可能存在美容整形等技術，不過在當時，這些技術已經十分先進，審美標準或許也與現代稍有不同。

當時也存在巨人和人魚等人種

托斯：此外，在亞特蘭提斯時代，也居住著數種與現代不同的人種。雖然現在亞特蘭提斯人種，隨著文明滅亡消失了，但當時存在著身高超過三百公分的巨人族；這個巨人族的弱點是容易陷入糧食不足。

雖然現在已經消失了，但名為泰坦（Titan）的巨人族確實存在過，這是事實。此類亞特蘭提斯的神話，後來流傳到埃及和希臘，做為神話的一部分流傳至今。

此外，還有來自宇宙，摸索適合地球肉體的人種。雖然現代已經不存在了，但當時確實存在這種處於「變化」階段的人種。

例如，雖然是人類，但是長著尾巴。或者雖然是人類，但耳朵是尖的，其耳朵尚未進化到現在人類耳朵的形狀。或者是脖子上某個部位還殘存著腮的器官，即所謂的人魚。

也就是說，當時存在著可以登陸上岸，亦可以在水中生活的半人魚。他們被稱為Oannes，實際上就是人魚，是長有腮的人類。人魚身為人類能夠說話，他們既可以生活在海中，也可以在陸地上生活。他們有腳，也有尾巴，原本是來自於昴宿星團。

昴宿星團中的各種行星分散開來，有著各種各樣的星球，被稱為Oannes的種族，生活在昴宿星團中某些星球上，外貌是半人半魚，可以說他們是人魚傳說的起源。

亞特蘭提斯時代的人魚，因為可以居住在海中，所以亞特蘭提斯滅亡後，也曾繼續存活過一段時間，根據確認他們一直存活到古代蘇美時代。

據說在現代，某些地方也存在著人魚，不過因為數量很少，很難輕易捕捉到他們；但正如各地都有人魚傳說一樣，這種人魚確實曾經存在過。至少可以說，直到數千年前，人魚曾大量存在過。

就像這樣，各種種類的人類曾經存在過。那些身體條件能夠適應地球環境的生命體，便會在地球上繁衍、繁榮，而不能夠適應的種族，就逐漸消亡，這就是真相。

半人半魚的Oannes也曾於過去的時代被尊崇為神明，古代蘇美就存在如此傳說，中南美洲也應該存在。在現今秘魯的的喀喀湖，就曾出現被人們稱為維拉科嘉（Viracocha）的神明。

但這些人原本是外星人，他們居住在宇宙時，也是過著兩棲類的生活。他們既可以居住在海裡，也可以生活在陸地上，可以根據實際情況進行選擇。

這些後來發展為人魚傳說、龍宮傳說，流傳至今。

B：謝謝您。

五、建立「愛爾康大靈文明」所需之努力

B：為了後世的人們，現在我們致力於建立「愛爾康大靈文明」。這是指在

所有的領域，都努力追求地球史上最高水準的文明。

關於「愛爾康大靈文明」，如果您有著最隆盛時期的願景，能否請您賜教？

「靈界的闡明」和「宇宙技術的進步」是表裡關係

托斯：現在的科學技術仍然有些落後，所以我認為還不能將現在的狀態稱為最隆盛時期。

各位必須進一步提高航太技術，如果不儘快縮小這部分的差距，就不能夠滿足需要。雖然現今收到了許多來自於宇宙的接觸，但由於人類的技術能力低落，所以無法進行應答。

很意外地，雖然現代文明在近兩百年來急速進化，但理科的停滯時間過長。其中很大一部分原因，可能是因為宗教支配了古代至中世紀。

因此，否定科學技術的宗教不是理想的宗教。

然而若是科學技術的發展，而宗教因此被否定的話，這也是不應該的。實際上，「靈界的闡明」和「宇宙技術的發展」是相同的，或者說是互為表裡關係，如果不能闡明靈界，無法變換次元，就無法進行宇宙旅行。若否定靈界，就很難實現宇宙旅行，所以必須正確地理解靈界的存在。

如今，物理學已理解四次元、五次元、六次元、七次元、八次元、九次元等次元的不同，但關於各次元的具體情況，還不是十分清楚。

此外，關於基本粒子等，那些介於靈性與物質之間的存在，現在雖然成為了研究對象，但依舊未能明白釐清。

細看人體，人體由各種各樣的分子構成，分子由原子構成，原子又是由原子核和環繞在原子核周圍的電子構成。

如果將原子核比喻為東京巨蛋投手丘上的一個棒球，那麼電子就是環繞於東京巨蛋周圍的東西。就像這樣，原子就是空蕩的「中空構造」。然而，各位卻將如此構造理解為非常緊密、像鐵板一樣的東西。

實際上宇宙就是如此空蕩的狀態，形成物質的只是其中一部分，僅是一小點的部分，其餘幾乎全部處於「真空狀態」。然而有一種力量，可以使其物質化，這種力量的源頭即是神的意念。

如此領域，物理學與宗教必須合力進行研究才行，如此一來，才能有所突破；今後的時代必須要如此努力才行。

如果不研究靈界科學，宇宙科學則不會有所進展。

無論進行多少努力，在世間無論怎樣提高速度，如果不能超越這個層次，最終也將無法成就宇宙旅行，無法在活著的時候返回出發地；宇宙的距離是十分遙遠的。

你們經常提到一個詞，即「曲速（Warp）」，為了能夠實現在宇宙空間的曲速旅行，就必須發明出超越次元之牆的方法。

為此，無論如何都要對靈界進行研究，否定宗教的科學是沒有未來的。

能使二者合一的，我想就是幸福科學。

這是必須要做的事情之一。

以「與外星人的交流」為中心的嶄新時代的教義

托斯：另外一點就是在文化層次上，今後的時代是進出宇宙的時代，與外星人的交流會更加頻繁，所以必須要講述以「與外星人的交流」為中心的嶄新時代之教義。

現在，「宇宙之法」的序章已揭開序幕〔注2〕，今後會變得越來越重要，講解與外星人的交流方式等內容，會成為往後時代預言者的使命。

B：瞭解了。我們將會融合宗教與科學，努力打造最高度的愛爾康大靈文明的基礎，非常感謝您。

請容許我們更換提問者。

托斯：好。

〔注2〕自從二〇一〇年，幸福科學接連出版《「宇宙之法」入門》、《與外星人的對話》、《解讀外星人》、《來自外星人的訊息》等與「宇宙之法」相關的書籍。（上述書籍均為日本幸福科學出版社發行）

六、讓天才輩出的條件是什麼？

C：大導師托斯，非常感謝您今天的降臨。我叫〇〇，來自幸福科學出版（收錄靈言之時），請多指教。

托斯：你過去曾在我身邊工作。

C：是嗎？謝謝！我感到非常榮幸。

如前所述，在超級天才托斯神的領導下，亞特蘭提斯迎來最全盛的時期，實現了現代化，水準大幅提升。當時具備著孕育天才的土壤，各領域天才層出不窮。

今後，我們在日本也想要讓擔負新文明的優秀人才輩出。

您現在正在指導幸福科學學園……

托斯：是，我在進行指導。

C：謝謝！

托斯：你是說我在創造天才兒童嗎？

C：是的。

托斯：我是在進行指導。

C：謝謝！

我認為我們有必要涉足天才教育，能否請您賜教，要怎麼做才能發揮每個人的天份，並培育出天才呢？

此外，在托斯神領導下的最全盛時期的亞特蘭提斯，天才輩出，做為其土壤的文化與教育是什麼樣的狀態呢？對此能否請您賜教？

人類能力的開發尚未達到十分之一

托斯：現代人不知道「人的能力到底有多大」，或許應該說是現代人不知道，亦或是現代的教育不知道，或者是現代的教師不知道，但無論是哪種情況，總之現代人不知道「人類的能力到底可以發揮到達何種程度」。

在我們看來，人類能力的開發，尚未達到十分之一，剩餘的百分之九十仍是未被開發的未知領域。

所以，即便是太平洋就存在於那裡，人們也只認為那是普通的大海、普通的鹽水。

太平洋中存在多種生物，在海底也存在各種礦物，太平洋是生命的母體。人類也擁有如此巨大的「海」；這是將人類的能力比喻成海，人類不知道自己的巨大能力猶如廣闊的大海，以為自己的能力範圍只限於陸地。

這就是人們現在的生活方式，以為自己能力的所及範圍只限於陸地。

但實際上太平洋或地球上所有的大海，都處於人類的能力範圍內，甚至是地球的大氣層或超越大氣層的宇宙，也都是人類能力所及之處。

人類對於自己能力的定義，實際上仍存在局限性，其根源出自於唯物論的思考方式。這是最危險的想法，唯物論有著將人局限到狹小範圍的強烈傾向。

縮小人類的能力、將人類變為微小機器的一部分的思維方式，以及將有生命之物限定為世間的微小之物、縮小為世間的生存權利的思維方式，這將縮小人類的思維，在某種意義上是很愚蠢的。

以正確的世界觀為基礎，推進能力開發

托斯：因此，首先必須教導人們「人是活於超越世間的永恆生命」的生命觀，必須告訴人們「人擁有著超越世間常識所定義的、更廣泛的能力」。

同時，人們還必須持有「心中的空間，實際上是與宇宙空間相連」的人生觀，必須要教導人們「心的中心部分，實際上是與宇宙的所有世界相通」的世界觀。

眾多靈性知識中，人類首先應認識到的「人是靈性存在，是擁有靈魂的存在」、「死後的世界是存在的」、「人從靈界轉生輪迴到此世」；此為首

要真諦。

讓人們最容易理解的教義即是「人有著永恆的生命」，並且還要讓人們認識到「那永恆的生命是神佛所賜予的」、「那永恆生命的核心部分，實際上與眼睛可見的宇宙及宇宙生命是相連的，是與宇宙的一切相連的」；人類必須將認識力擴展到這種層次。

如果在如此人生觀之下開展教育的話，那麼人類能力的開發將會更進一步提高。並且，如果能在更廣泛的層次上，不對人的能力設限並進行研究的話，那麼能力的開發將會更加提升。

剛才提到的超能力及六大神通力，原本即是人類所具備的能力，但現代人被現代文明污染，幾乎完全無法使用這種能力。

然而，這實際上並非難事。生活在三次元的過程中，每個人的心的「玻璃窗」都蒙上塵埃，看不見外面的世界，或者光線無法充分照入，這就是現在人們所處的狀態。

所以，應該要擦亮心的玻璃，讓玻璃變得透明，變得能夠看見外面的世界，以便能與外面的靈性世界自由自在地進行交流，這樣就能夠看到外面的世界。

達到這種狀態後，就可以讀懂人心，彼此的心也會相通。如果心能夠互通，就能培育出具備宇宙視野的人，那估計會是新的人種吧！我認為可以這樣說。

同時推動「外語學習」和「數理的研究」

C：剛才您提到「在科學技術方面，地球的發展十分落後」。為了讓日本的理科天才輩出，就必須讓數理的才能成長才行。

為了能夠在日本營造讓天才輩出的環境，尤其是為了培育出理科天才，我們應該要抱持何種心境呢？

托斯：我認為日語現在成為了一種阻礙。由於日語不是國際語言，所以在學術等領域，不管是將外語轉換為日語，或者將日語轉換為外語時，都存在著語言的障礙，時間上會有所延遲。在日本閱讀外語書籍，或將日本所開發的東西介紹給國外，無論是哪種情況，都會出現延遲的情形。

其實日本發明的東西，如果出現在英語系國家，很多都能夠獲得諾貝爾獎。

在日本企業當中，相當於諾貝爾獎水準的發明屢見不鮮，但由於是日本的發明，很多時候都無法獲得諾貝爾獎。

但從日語的結構來看，日語要成為國際語言並非簡單之事。

外星人也說「日語很難」，有很多外星人都不願意「歸化」為日本人，他們都說「簡單的語言，對我們來說比較輕鬆。字母只有二十三個文字，實在是很簡便。日語當中有漢字、片假名和平假名，所以非常的困難」。

做為國際語言，英語有其優勢，所以必須同時推動英語的學習及數理學科的研究。

此外，有必要努力將日本獨立開發有價值的成果傳達到國外。如果在海外充分宣傳，人們就會知其價值，但現今尚未獲得應有的評價。

幸福科學製作的電影，如果是好萊塢等英語系國家出品，或許能在世界更廣泛地傳播開來，但事實卻並非如此，只以「那是一部日本的動畫」而告終。

想到這些問題，我認為對於學問的進化來說，「國力的進步」也是非常重要的。如果國力如瀑布般一落千丈，那麼學問也無法完成其使命，所以幸福實現黨的「富國」目標是非常重要的，國富民強，擁有向世界發送資訊的力量是必不可缺的。

為擁有卓越才能的人建立支援制度

托斯：日本缺乏的是天才教育，這方面極度不足。

現今凡人教育或平均的秀才教育，其比重占很大一部分，但我認為對於那些在特殊領域有才能的人，在某種程度上，可以免除義務教育。

比如，對於那些在音樂上有卓越才能的人，如果拼命施以國語、數學、理科、社會及英語的全科教育，那麼被教育者的能力就會陷入平凡吧！所以，在一定的範圍內，對於那些能力超過一般水準的人，應該建立支持制度。關於這方面，很意外地，反倒是獨裁國家及集權主義國家比較有優勢。

而且日本不僅在外星人的研究方面落後，在超能力方面的研究也相當落後。或許是因為媒體的影響，那些研究一直被冷落。

就算是進化之人，也幾乎都被視為詐騙犯、騙術師，致使人生無法正常發展、飽受挫折，各位必須要拓展如此有才能之人的能力。

使己心朝向善的方向、朝向神佛的方向，增加其透明度是很重要的。人是有著與生俱來的才能的，這其中當然也包括遺傳的因素，但有些是來自宇宙各具特色的靈魂，在某種程度上，藉著使其發揮能力，整體水準就會提高；各位必須理解這一點。

此外，日本還存在著語言的隔閡，所以對於語言教育還需多費力。除了必須要努力將日本良善的東西推廣到海外之外，同時為了讓海外的東西更容易地傳播到日本，必須建立相關的制度才行。

如果不將科學性的日語論文等翻譯為英語，那麼就無法通用於全世界，此為現在的狀況。所以，如果英語能力低，那麼即便是偉大的發明，也無法傳播開來。

例如，即便是豐田佐吉的發明具有諾貝爾獎的價值，但不懂英語的豐田佐吉也無法獲得諾貝爾獎，這種情況在現實中是確實存在的。

我打算在幸福科學學園培養天才兒童，培育出優秀的人才。

C：謝謝！

七、新時代「女性的職責」

C：請允許我提下一個問題。

現代文明高度發達，高學歷女性、從事高度工作的女性的數量也增加了。但是，與伊斯蘭國家的女性相比，托斯神指導下的北美、美國的女性，其墜入地獄的比例相對較高，在「貫穿世間和靈界的幸福及成功」的意義上，我認為現代文明仍處於摸索、實驗當中。

對於現今女性人生態度的參考，能否請您告訴我們，在您的時代，亞特蘭提斯全盛時期的女性，她們扮演什麼樣的職責、從事什麼樣的工作呢？

亞特蘭提斯男女性別歧視幾乎不存在

托斯：我認為當時的女性並不遜於現代的女性。觀察現代的西洋文明或逐漸西洋文明化的現代日本社會，在女性的地位、工作能力及學問方面，我並不認為亞特蘭提斯時代的女性比現在的女性遜色。

有很多女性比男性還要優秀。在科學家、醫生、技術人員、研究者中，有很多優秀的女性。當然，藝術家當中也有很多是女性，很意外地，男女性別的歧視幾乎不存在。

當時，妳是我身邊的助手，而在這一世妳曾經是日語老師，與這一世不同，那時妳是擔任科學技術大臣的女性。

現在妳可能只能教授日語，但當時妳曾是擔任科學技術大臣的政治家。在此意義上，妳曾經任職於重要的部門。

當時女性能居於高位，所以我認為現今日本女性還相差甚遠，還可以更上一層樓。

現今，男性還是會對優秀的女性，存在著嫉妒心。此外，從文化傳統的角度，優秀的女性會被認為有助於日本文化的協調性，一般人對於太過洋化的女性評價通常不高。

但是，如果能看透人的本質，就會發現「做為人類的意識，因為天生的性別差異而產生歧視的心態，是何等低等的心態」。

若能對此有所理解，人類的認識力應該會得到更大的進化。

公平判斷男女能力的時代即將到來

托斯：現代日本的模式、男女的生存方式和結婚狀態、女性教育方面等，我認為也有其美麗之處及傳統的優點，但在今後的時代，這些將不再通用。妳剛剛說「墜入地獄的女性數量增加」，那是因為現在正好是女性要覺醒的時期，正試圖進入與男性競爭的原理中，所以那僅是一時所發生的不適應的現象。

超越這個階段之後，男女之間的糾葛就會減少，對於優秀的女性以及女性上司等，男性也會理所當然地接受，那些因為不必要的糾葛所帶來的痛苦及地獄性的事物，將會逐漸減少。

過去的家庭制度和夫妻形式，還有孩子出生時，生男孩時歡喜，生女孩時惋惜的風潮，現今正在改變。而機械文明的進步，在今後男女間因體力的差別所帶來的影響，將會變得非常小。

在農業方面，過去當然是男性具有壓倒性的優勢。人類最近數千年的歷史，是以農業和漁業為中心，在這些領域中，體力的差距會產生明顯的影響。

在農業、漁業及戰爭中，體力的差距會造成生產量的差距，所以男性擁有壓倒性的優勢，但這種時代即將結束。超越男女性別的差距，對能力進行公平判斷的時代，即將到來。

關於這一點，可能有些人會認為「對於那些優秀的女性，男性可能會產生抗拒反應」，但在不同的時代，存在不同的文化，做為靈魂的體驗，這也並非是壞事。

在某種意義上，從相反意義上的進化論，或者說從人類淘汰論的角度來看，現今有許多男性不值得得到尊敬，或者做為男人根本沒有條件能夠耀武揚威，但僅僅是因為性別是男性，而受到過度庇護，現在的社會不就是這樣嗎？

即便像美國那樣的先進國家，優秀的女性也尚未能夠徹底地發揮。

現今社會對於女性仍存有著偏見，這與對有色人種的偏見相同。這就好像是體型高大的男性被當做奴隸使用，多少會感覺到有些淒慘一樣。如果打架的話，保鏢的力量或許會比總統更強大，但是在立場上而言，總統比較偉大。

與此相同，如果妻子的能力優秀，即便丈夫的力量再怎麼強，丈夫只能「服侍」妻子的時代即將到來，這樣的女性出現，也會讓男性繃緊神經、更加努力。

在日本，女性的能力尚在沉睡

托斯：尤其是像現在這種學問與職業緊密相連的時代，因男女性別所造成的差異逐漸減少。

據說在許多大學，優秀的女性的成績總是佔據上位；現實的確如此。在一些知名學校，與過去不同，理科系的女性數量大量地增加。

所以，我認為這不能單純地說，那和天生的能力有關係，其中還是存在文化的問題。

人們常說「數理系的女性頭腦會變得男性化」，但遇到那些有邏輯性、能清晰地思考問題並得出結論的女性，男性會感到畏懼。

這乃是因為，若男性一旦被女性以邏輯性的論調加以地反駁時，有些男性就會倒退三步，並失去做為男人的自信。

針對這一點，可以在藥品研究中開發新藥，研發出能更具女性魅力的荷爾蒙劑，那麼即便女性頭腦聰明，問題也會圓滿解決。女性每天飲用這種製劑，就會營造出蝴蝶翩翩起舞的氛圍，只要這樣就可以了；這是有可能的。

認為「學習數學和理科，會變得不像女人」，這種觀點過於原始，所以需要那樣的藥劑。如果有了那樣的藥劑，大概就不會有問題了；有需求的地方一定會出現相對應的解決方案。

看到現今日本女性的進化，其能力還處於沉睡之中，我認為在文明方面，日本想要成為世界的領袖尚有不足之處。男女之間的差距，不應該那麼大。

在某種意義上，與共產主義思想很相似；如果男女必須結合在一起，男性與女性的能力相等，或男性處於稍微有利的狀態，男女間若是僅有些許差距的話，從社會整體的角度來看，結婚家庭的比率會提高。如此生物學、社會學的思維方式，也應該存在。

但是，現在的城市中，大約有超過百分之五十，甚至百分之六十的女性選擇不結婚。總之，「與平凡的男性結婚，然後自己的工作被剝奪，從人生的角度來看，這樣做不合算」，如此想法正逐漸蔓延。

當擁有這種想法的人還是少數的時候，如此想法是異端，但若擁有這種想法的人超過半數，那麼便不再是異端。若擁有這種想法的人數增加，甚至超過半數的話，那麼就必須建設一個不會讓這些人們陷入不幸的社會。

建立「與他人不同也可以」的文化

托斯：此外，現在還出現一種思維方式，那即是「與他人不同也可以」；我認為這也是文化的變化。

以往，能否生出男孩，是結婚女性的前提條件。在過去「結婚三年，如果不能生孩子就得離開」，尤其是如果不能生出男孩、繼承人，那麼婚姻就會被認為是失敗的，如此女性也會被欺辱。

但是現在獨生子增多，有些人認為「反正只有一個孩子，還是女孩比較好」。

無論是男孩或女孩，不照顧父母的傾向是一樣的，但「生了女孩，若是好孩子，就有可能照顧雙方父母」，所以現在出現了選擇生女孩的傾向。

現在醫學上可以提早知道胎兒是男生還是女生，所以「調查胎兒是男還是女，如果是男孩就殺掉」的可能性也增大了。「只要有一個小孩就好，如果是女孩就生出來，如果是男孩的話就打掉」，現今已經進入了有可能發生這種事情的時代，文化正處於變化之中。

事業上的成功與婚姻之間，存在一定的平衡關係，若這個平衡消失，不幸感覺增強的話，那麼就沒必要迎合世間的標準想法；我是這麼認為的。

我認為文化應該是變化的、多樣的。「所有人必須是相同的」，這種想法反而很奇怪。

本教團的某位有名人士，在當事人不知情的情況下被複製〔注3〕，實際上他既具備男性的職責也具備女性的職責，在不知情的情況下，「孩子」出生了。所以今後若如此科學發展起來的話，男女職責的差別就會消失。

與神話時代相同，「男神」生育孩子的時代已到來，所以沒必要強制要求女性生育孩子。選出優秀的人，選拔出優秀的基因、精子和卵子，然後生育出孩子就好，男女雙方都能做自己想做的事情，我認為這樣也很好。

「只有生一個女兒，後繼無人」，如此想法很常見，但我認為沒有必要被如此想法束縛住。反正家庭遲早會消失，那種思維方式已經過時了。

如果從「永恆的生命」這個角度來看，我們必須要思索，在今世的靈魂修行中，要如何才能夠發揮最大限度的才能。在這方面，有必要對於社會文化、家庭文化及宗教文化等陳舊的部分進行革新。

C：謝謝。

〔注3〕本書作者曾對月刊雜誌《The Liberty》（幸福科學出版發行）的總編（收錄當時）進行靈性解讀，發現他年少時三次被外星人誘拐、被採集精子、複製出數名複製人。（參照《解讀外星人》。〔日本幸福科學出版〕）

八、如何發揮創造性？

C：想請教您最後一個問題。

每年，主愛爾康大靈都會賜予我們「法系列」的經典。今年（二〇一〇年），賜予了經典《創造之法》，二〇一〇年是「創造的一年」，幸福科學將舉全教團之力努力奮鬥，但從亞特蘭提斯的全盛時期來看，我覺得創造性仍然不夠充分。

所以，關於「創造性」，能否賜予一些建議給身為弟子的我們呢？

妨礙創造的最大障礙是「規定」和「統制」

托斯：「創造之法」一詞本身不是已經開始發揮作用了嗎？至少現今教團在某些方面，已開始出現了追求嶄新挑戰、嶄新創造的舉動。

妨礙創造的最大障礙，其實是規定或規範。組織中的規範，或者是從戒律演變而出的規定，也就是「這不能做」、「那不能做」等約束如果過多的話，那麼創造性絕對會下降。

我認為必須要增加「有想法之人」的數量，增加有「頭腦」之人的數量。

以自己的想像力，在自我負責的原則上自由地創造，這是非常重要的。如果全部都是在等待上級指示的話，那麼距離創造就還很遙遠。因此，提高附加價值的總量非常重要。

宗教擴大的過程中，整體會出現軍隊螞蟻化的傾向，這絕對不是我們所期望的，我們期望能夠出現有創造性的人。

擁有挑戰禁忌的勇氣

托斯：教育也是如此，希望人們長大成人，做為社會的一員從事工作時，也是具有創造力的。

不要輕易地就自我設限。在認為「做不到」之前，首先應該想「怎麼樣才能做得到？怎樣做才有可能？難道沒有實現的方法嗎？」為了接近夢想，必須要做出更大的努力。

所以，擁有挑戰禁忌的勇氣是非常重要的。

我認為妳還有許多地方能夠破殼而出。很可惜，僅僅是這種程度，實在很可惜。做為亞特蘭提斯的大臣，實在可惜。如果不再加把勁努力，被評價退化的可能性就會很大。

希望妳能夠完成更大的工作。

希望妳能夠更加努力，做為女性指導者大顯身手。

C：感謝您今天長時間的指導。做為愛爾康大靈的弟子，我們一定構築新文明，使「愛爾康大靈文明」開出絢麗的花朵，今天衷心地感謝您。

托斯：嗯。

第二部

第二章　阿伽沙靈言所講述的「亞特蘭提斯滅亡的眞相」

（二〇一〇年二月十二日阿伽沙的靈示）

阿伽沙（Agasha）（約一萬數百年前）

阿伽沙是亞特蘭提斯帝國最後一任的國王，兼政治家、宗教家。祂主要講述以愛為中心的教義，是九次元存在。此後，祂還曾轉生為克利希那（印度）、克拉里奧（埃及）、耶穌・基督（以色列）。

一、對於亞特蘭提斯最後的樣貌進行靈查

大川隆法：今天法話的進行方式，將和過去有所不同。我今天將透過靈言的方式來講述法話，講題為「阿伽沙靈言所講述的亞特蘭提斯滅亡的真相」。

以往我的講演或說法的內容，我都會加入自己的理性，並且檢視是否與本會的教義相符合。所以有時最寫實的部分，可能無法完整地傳達出來。

為此，近來我常透過靈言的方式講述法話，此次亦會盡量將大川隆法的意識降到最低，依據「亞特蘭提斯最後一任的國王」——即阿伽沙國王的意識，讓祂來闡述亞特蘭提斯滅亡前最後的樣貌。

阿伽沙國王是耶穌的前世，亦是耶穌的靈魂兄弟。

今天雖是借我之口來講述內容，但各位不妨可將此視做為一種時光的回溯。因為亞特蘭提斯已是一萬多年前的文明，所以除非透過

這種靈性調查，否則別無他法。總之，今天是藉由阿伽沙的靈言，來瞭解亞特蘭提斯滅亡的真相。

在《太陽之法》中，我提及了拉姆迪雅、穆大陸、以及亞特蘭提斯的文明，而今天的內容可以視做為關於亞特蘭提斯文明的注解。對於今天要講的內容，我並未做事前的確認，所以請各位瞭解「今天的內容是來自於阿伽沙所講述的靈言」。

（約四十五秒鐘的沉默）

二、傳說中的大陸位於當今大西洋的位置

阿伽沙：我是阿伽沙。

如同方才的介紹，我是耶穌・基督的靈魂兄弟。

我比耶穌還要早八千數百年前轉生於世間，並且我轉生的地方就是傳說中的「亞特蘭提斯大陸」。

它位於歐洲與北美洲中間的大西洋的位置，也就是現在各位所知道的百慕達三角洲海域。

近年來亞特蘭提斯遺跡的一部分，已經在美國佛羅里達半島不遠處，也就是巴哈馬群島的附近海底被人發現了。

現代的地球物理學家，普遍認為「那麼龐大的陸地，不可能會沉沒在大西洋中」。然而，他們只有去調查現在的地質及火山運動，並未去調查或深鑿大西洋的海底。

其中還有人提出了錯誤的理論；有人指出「亞特蘭提斯是沉沒於地中海」，也有人從狹義的角度主張「是千里達的火山爆發，導致亞特蘭提斯大陸被海水淹沒」。

然而，事實並非如此。距今約二千四百年前，柏拉圖從埃及的祭司得知「根據古代的文書記載，亞特蘭提斯是位於直布羅陀海峽附近」。並且柏拉圖還從這位祭司得知，早在柏拉圖之前的九千多年前，那裡就有了亞特蘭提斯的繁盛文明。

但在地球物理學家當中，也有人曲解「九千年太長了，應該是九百年才對」，並堅持認為「如果是柏拉圖之前的九百年前，那也就是距今三千數百年前，剛好與米諾斯文明滅亡的時間相符。而米諾斯文明滅亡的原因雖然不詳，但有可能是因為千里達的火山爆發而致使文明毀滅」。藉此，主張亞特蘭提斯是發生在三千多年前的事。

然而，我並非在講述發生在地中海的事。你們只對於兩三千年前，或四千年前的歷史留意，卻不知各種各樣的古文書從古代就傳承下來了。

早在蘇格拉底、柏拉圖的時代，就已經有書籍的出現了；這些書籍現在被收藏在埃及的圖書館裡。這些古時候的記載，是由祭司們保存並流傳下來的。

三、亞特蘭提斯在滅亡前一千年間的樣貌

在文明末期，陸地的三分之二就已經沉入海底

阿伽沙：如同我方才所說的，我是距今一萬數百年前轉生於世間的，而全智全能的「大導師托斯」則是出現於一萬兩千年前，祂曾帶領亞特蘭提斯向了最繁盛的時期。

但在那之後，時代走向衰落。直到滅亡前的一千年間，其文明經歷了劇烈的震盪。

當我持有肉體轉生於世間時，亞特蘭提斯的部分大陸已開始下沉了。首先是東邊的三分之一陸地開始沉沒，之後是西邊的三分之一陸地，只剩下中央的島嶼沒有沉沒。

之所以會先出現部分陸地的下沉，我認為那是來自神的警告。神在警告人們什麼呢？神在警告人們「亞特蘭提斯文明正朝向錯誤的方向發展」。

當時的科學文明非常進步，人們對科學有著強烈的信仰。這和現今的日本及西方文明，或許沒有多大的不同。因此，「科學可以支配一切」的想法蔓延於世。

然而，當人們不再重視神的教義、靈性存在，以及靈性世界的時候，那黑暗想念的烏雲便籠罩了整塊亞特蘭提斯大陸。從靈性上來說，那成為了讓大陸沉陷的關鍵。

主要科技為三角錐體能量及植物的生命能量

阿伽沙：那麼，究竟是怎樣的教義出現了問題呢？那就是由穆大陸傳入亞特蘭提斯的部分教義。

當時，亞特蘭提斯已經有了利用三角錐體發電的裝置。這個三角錐體發電，是目前地球上仍然無法充分理解的發明。就像你們現在要把太陽光轉換成電力一樣，但在三角錐體的能量元素中，尚存有一個現代科學尚未發現的力量。

當時人們運用三角錐體裝置，發現了聚集宇宙能量的方法。因此，亞特蘭提斯的飛行船和潛艇的背鰭上，皆裝置了三角錐體。

此外，另一項科技是，人們已成功地從植物中萃取出生命能量。你們對此應該會感到不可思議吧！種子發芽之後，能從土壤當中長大，並且成長為大樹；這真是一件奇妙之事！

如果率直地把這當做「神的力量」，那倒還無所謂。然而，當人們能夠利用特殊的裝置，從植物當中提煉出成長的能量，並將這生命能量轉換成各個家庭使用的生活電力的時候，人類就開始驕傲了起來。關於這部分的內容，在《太陽之法》之中也有提到。

創造人工人類的實驗以及和外星人的交流

阿伽沙：不過，也有一些教義是《太陽之法》所沒有提及的。《太陽之法》是在一九八六年寫下的，但有些事情是作者在當時仍不瞭解的。其中之一即是你們即將要面臨的，透過實驗創造出的人工人類。人類透過操控基因，利用比試管更特殊的裝置，開始操縱基因，創造出自己的人工分身。從此，人類開始變得驕傲起來。當然，亞特蘭提斯存在著「創造人類的即為神」的思想、傳說。但他們發現可以透過操控基因，自己親手創造出人類，並且把創造出來的人當做奴隸，感到「這實在是太方便了」。自己被這些複製人伺候，進而可以享樂、奢華。

在這幾千年的歷史中，許多文明都存在著奴隸，但那些奴隸都是因為戰爭而被俘虜的人。而一萬多年前的亞特蘭提斯，其科技已經進步到可以複製基因。於是，他們便開始複製人類；這引起了神的憤怒。他們忘記了靈魂和靈魂世界，人們忘記了「人性的尊嚴，來自於其靈魂是神所賜予的」，反倒認為自己在那世俗唯物論、理神論〔注4〕的推波助瀾中，找到了「從人類變成神明」的方法。

於是，他們透過基因複製大量製造人類，並開始建造工廠；這是一件不容忽視的事情。

然而，由於人類開始自詡為神、以為自己有著神的力量，最後終於招來了不幸。當時的複製技術，其實是來自於一些邪惡外星人的傳授。他們告訴了人類那邪惡的智慧，甚至有一段時期，外星人還表現得像神一樣。

神的警告會以自然災害，或大陸板塊的大型變動等方式呈現。就是在這過程當中，陸地便開始下沉了。這是一個警告。一開始神的警告，會先以地震、颶風、海嘯等方式呈現。接下來，就是大陸板塊的大型變動。

地球物理學告訴人們「如此大型的變動是歷經數千萬年、數億年的時間，緩慢地出現而來的」。換言之，大陸的板塊移動，得要花上數千萬年、數億年的時間。

然而，實際並非是如此。有時某些陸地會突然的隆起，有些則會突然的下沉。

拉姆迪雅、穆大陸、亞特蘭提斯，這三個文明就此消失了。可是，人類從這些教訓當中，學到了什麼呢？

現在，人類又走上毀滅的道路。

邁向神境、磨練己心，努力想要成為天使的心境，是非常尊貴的。然而，當人們想要取代神、成為地球的統治者時，惡魔的後代將會大量出現於世間。

〔注4〕約一萬五千三百年前，聖可佳努斯（彌勒如來，九次元存在）在亞特蘭提斯講述了融合三角錐體能量和太陽信仰的教義，其特徵是「理性的、科學的事物符合神之心，同時神之心也渴望理性的、科學的事物」。（參照《太陽之法》第五章）

四、亞特蘭提斯犯下的種種惡業

透過加速寒冷化的炸彈，殲滅了格陵蘭島的敵人

阿伽沙：我是出生在中央之島，時值亞特蘭提斯末期。

當時，亞特蘭提斯不僅要面對天災，還要防範外敵的入侵。因此，在巨大的中央島上有許多的防衛要塞，也開鑿了許多的護城河。整個帝國成為了一個大型要塞。亞特蘭提斯的敵人之一，來自於現今格陵

蘭島的位置。當時，那裡還是一片富饒的綠地。有許多非常好戰的民族，亦居住在那邊。

此外，人們相信歐洲人進入美國和加拿大之前，那裡只有居住著少數的印地安人；但這是錯誤的理解。涵括美國和加拿大之地，這裡皆存在著古代文明，他們亦是亞特蘭提斯的強敵。

因為亞特蘭提斯從穆大陸那裡繼承了科學技術，所以他們就利用飛行船，對敵人的文明投下了特殊炸彈；這些發生在我的年代之前。

首先，他們殲滅了格陵蘭島的敵人；其方法就是他們投下了加速地球寒冷化的炸彈。

格陵蘭島的文明因為這些炸彈，從一個綠意盎然的文明轉變為一個冰凍的天地；他們創造了人工的冰河時期。

你們現在認為二氧化碳的增加會導致地球暖化，但他們運用的方法證明了你們所講的正好是相反的。當時他們急速地增加二氧化碳，藉由炸彈降低氧氣量而提高了二氧化碳濃度。

如此一來，會變成怎樣呢？高空中二氧化碳濃度變得非常高，進而變成了大量的乾冰顆粒，天上開始降下冰雹和雪。

乾冰來自於二氧化碳，藉由提高空氣中二氧化碳的濃度，地球不會暖化而是出現寒冷化。

你們現在的文明，恐怕也終將被冰雹及雪所覆蓋。你們雖然進行了防止暖化的行動，但地球寒冷化將持續下去；格陵蘭島就是因人工冰河而毀滅的。

透過能刮起強風的炸彈，殲滅了美國的紅種人

阿伽沙：另一方面，在美國的超古代文明中，人們有著豐沃的土地、以及許多可以航向大海的帆船。

他們是紅種人的民族，他們的皮膚是紅色的，但現在，如此人種已經不存在了。在亞特蘭提斯的時代，這些紅種人居住在北美地區。但後

來，亞特蘭提斯將他們全部殲滅了。

當時殲滅他們的方式，和格陵蘭島有所不同。那麼，他們使用了什麼方式呢？

其方法類似於現在的核爆，但不全然是核爆。要向你們解釋這個原理是非常困難的，總之那是一種可以刮起強風的炸彈。當它在空中被投下後，在落地之前會先爆炸。如此一來，即會在空中掀起像是龍捲風、颶風般的強風。藉此，他們便將紅種人的稻田、蔬菜、以及林地全都消滅了。

請各位試想一片土地總是被暴風侵襲，大地皆佈滿砂塵的景象。在這種情況下，小麥、大麥、裸麥、玉米等等，完全無法栽種，進而土地逐漸沙漠化。

當時，亞特蘭提斯仗著科學技術的智慧，傲慢地認為自己就是神，所以把紅種人斬盡殺絕。

人類現在的人種，主要是白種人、黑人和黃種人，而紅種人已經不存在。其原因就在於他們全都被殺了，無一倖免。

換言之，亞特蘭提斯殺害他們的方法，即是「徹底地斷絕他們的兵糧、食糧，使其陷入饑荒」。

當他們沒有了食糧，無法取得主食的時候，他們即會陷入疲勞困頓之中。這個時候，我們就發動了海上及空中的攻擊，把尚未餓死的人全部屠殺了。

這就是亞特蘭提斯犯下的種種惡業。

一切皆起因於科學文明信仰，即人們相信「擁有先進科技之人即為神」。

五、阿伽沙國王的改革和政變

阿伽沙：那時我生於皇室中，小時候的名字是阿蒙。待成人之後，才將名字改為阿伽沙；我曾試著在首都朋提斯進行改革。就如各位所知，我也是個靈能者，當時我接受了來自天上界愛爾康大靈的指導。愛爾康大靈要我去教導人們「神明的偉大之處，以及靈界才是人原本居住的地方、是實相世界」。祂要我去教導人們停止殺戮、互相關愛，我就是對人們講述這些中心教義。我曾屢次在廣場聚集群眾，對他們講述如此教義。

然而，當時聖可佳努斯所提倡的科學萬能信仰，是當時信仰的主流。人們相信「是科學保護了亞特蘭提斯，並帶給了自己幸福」，並且認為「阿伽沙的教義太軟弱了。如果講述這種教義，只會讓強國亞特蘭提斯滅亡」。因此，他們便興起叛亂，對皇室以及禁衛軍發動了攻擊。

那時的皇室和現在日本的皇室很類似，只是一個象徵性的存在。政治的實權，並非是掌握在皇室，而是掌握在持有軍權之人的手裡。

我們雖是貴為皇室，但實際上很接近於日本天皇的處境。

請各位試想像一下，「日本的天皇對國民闡述新的教義，並試圖要對日本進行改革」。

然而，擁有實權的人絕不容許這種事發生，認為必須要消滅皇室進而興起了戰鬥。

當然，相信阿伽沙所講述的愛之教義的人，也有逐漸增加。但這是一個軍力強大到可以摧毀兩個文明的國家，所以不是那麼容易鎮壓下去的政變。

我們皇室成員都被逮捕了。

我當時曾聚集十萬人，向人們講述愛的教義、人心的重要性，以及神的尊貴、偉大之處。與其說是愛爾康大靈，更應該說，我要人們回歸到托斯神的教義。

我對人們講述「托斯既是一位科學天才，亦有著虔誠的宗教信仰，並且向人們傳達著神的教義與靈界真相」，並呼籲人們：「切不可僅信奉聖可佳努斯所講述的自然神論，而要回歸到托特神的教義！」我試圖藉此改變國家的信仰、宗教，或者說思想信條的主軸。

曾有十萬人在廣場聽聞我的教義，但同一個廣場卻成為了我們的墳場。禁衛隊全都被殺，所有的皇室成員都遭到逮捕。我們被迫在廣場中央挖了一個很大的洞，而大部分的皇室成員都被活生生地丟入這洞裡，被活埋而死。光是皇室成員，我想大約就有五百多人。

他們把我們丟入洞裡、活埋之後，又把整個廣場回復成原來的樣子，將所有的證據全都毀滅了。皇宮完全被拆掉、燒毀，之後軍隊的領袖完全地掌控這個世界。

當時影響了這軍隊領袖的，就是盧西弗和別西卜。就像之後他們影響了希特勒和戈培爾一般，當時的軍隊領袖亦是受到他們的影響。

看到如此血腥的悲劇後，神終於祭出了最後的手段，即亞特蘭提斯的末日來臨了。

亞特蘭提斯的中央之島，突然間開始下沉。這並不是因為地球暖化而造成海平面上升，而是這片陸地下沉了，現在這片陸地已沉到了非常深的海底。我想這足以說明，當時神有多麼地憤怒；這就是最後的結局。

六、從亞特蘭提斯的滅亡中汲取教訓

須知「存在著神無法容許的文明」

阿伽沙：過去至少曾有拉姆迪雅、穆大陸、亞特蘭提斯，這三個文明走向錯誤的方向。

當人類的驕傲超過了神所能忍受的限度、錯把不幸誤認為幸福、真偽不分、並將邪惡的教義誤認為真理時，神有時是不會原諒的。

你們現在的時代，存在著所謂的「蓋亞論」吧！或許有人會認為「地球本身為了保護自己，有時會興起天變地異」；這亦是解釋環境問題根源的看法之一。

然而，稱之為「蓋亞」也沒關係，但須知有些文明，是那些明顯擁有人格意識的神所無法容許的。

也就是說，對於那些「無法容許的暴力文明、錯誤教義猖狂傳佈的文明」，最近幾百年已經歷了眾多警告，今後亦會持續下去。

到那時，一部分的陸地會沉陷，而新的大陸板塊將浮上來，但我不能告訴你們會在哪裡發生。

但是，當人們只醉心於科學，不傾聽靈界的真相、救世主的教義時，人類的未來即是悲慘的。

要保護你們的主、傳佈「救世之法」

阿伽沙：現在在日本，嶄新的教義已被開示出來了，這可稱之為「救世之法」。藉由眾多書籍的問世，新的思想已得以廣布。但與此同時，亦有許多勢力在阻止其廣布。這個教義能否傳佈於日本、以及全世界，將會決定人類的未來。

神是溫和的存在，但亦不可忘記「最終的愛，是不會容許邪惡的存在的」。

你們的傳道必須是真的，真理必須是可以轉變人心，轉變日本，以及全世界的。

如果你們的教義不被廣布，最終甚至是被否定的話，那麼人類的未來就是悲慘的。亞特蘭提斯、穆大陸等等，就是最好的證明。

因此，你們不可懷有狹小的心志，進行傳道工作。你們必須覺醒於神聖的使命，將這個法傳遞出去。

如果世間的常識是錯誤的話，你們就必須堅決地予以對抗，並指出未來該走的方向。你們絕不可敗給世間的常識，最後苦笑而放棄；這是攸關整個地球的命運。

現在地球的主已經降臨於世間，如果連這樣都還是一事無成的話，那麼可以斷言人類是沒有未來的。未來將如何轉變，全靠各位的努力。

現今，主所講的是緣起的理法，而很少講述宿命論、或者是預言。主的教義把重點放在「透過努力，未來即會改變」之上。

然而，若是從我的立場來說，假使這個教義沒有廣布出去的話，人類的未來就已經決定了；人類正面臨著亞特蘭提斯的悲劇。

時間已經很緊迫了，所以我向你們呼籲：「要快點傳道！」如果你們被擊敗了，那就表示「人類的未來亦被擊敗了」。

因此，不管發生任何事，你們都要保護你們的主，傳佈這個教義，切不可再重蹈亞特蘭提斯的悲劇。

這就是根據阿伽沙的靈言所述說的「亞特蘭提斯滅亡的真相」。希望你們能夠從中有所學習。

第二部 後記

可能有人難以相信觸犯神怒，會導致大陸沉沒吧！可能有很多人認為「神罰」、「天罰」、「佛罰」等詞語是迷信，不想使用這些詞語。

但是，想到不久之前二〇一一年三月十一日襲擊東日本的芮氏規模「九級」地震的威力，就算是萬年一遇，如果發生了芮氏規模「十級」的大城市垂直型地震，國家的大部分下沉就絕不是夢中之談。

本書描述了曾經做為古代文明興盛繁榮的亞特蘭提斯文明——大導師托斯的時代，以及末期的阿伽沙大王的時代，在某種意義上，這是個貴重的秘教文獻。

幸福科學集團創始者兼總裁 大川隆法

國家圖書館出版品預行編目（CIP）資料

雷姆利亞與亞特蘭提斯文明滅亡的真相 / 大川隆法
著 ; 幸福科學經典翻譯小組譯. -- 初版. -- 臺北市 : 信
實文化行銷, 2014.01
面；　公分. ——（What's being ; 29）
ISBN 978-986-5767-11-2（平裝）

1. 文明史　2. 上古史

713.1　　102027441

What's Being 029

雷姆利亞與亞特蘭提斯文明滅亡的真相

作　　者　大川隆法
譯　　者　幸福科學經典翻譯小組
總 編 輯　許汝紘
副總編輯　楊文玄
美術編輯　楊詠棠
行銷經理　吳京霖
出　　版　信實文化行銷有限公司
地　　址　台北市大安區忠孝東路四段 341 號 11 樓之三
電　　話　（02）2740-3939
傳　　真　（02）2777-1413
www.wretch.cc/ blog/ cultuspeak
http://www. cultuspeak.com.tw
E-Mail　cultuspeak@cultuspeak.com.tw
劃撥帳號　50040687 信實文化行銷有限公司

印　　刷　彩之坊科技股份有限公司
地　　址　新北市中和區中山路二段 323 號
電　　話　（02）2243-3233

總 經 銷　聯合發行股份有限公司
地　　址　新北市新店區寶橋路 235 巷 6 弄 6 號 2 樓
電　　話　（02）2917-8022

2014 年 2 月 初版
定價　新台幣 300 元